新时代政法干警不可触碰的纪律红线

王成艳◎编著

理论·政策·案例

理论阐释： 以"十个严禁"为根本遵循，辨析理论误区、抵制顽瘴痼疾、淬炼忠诚警魂

法规依据： 《纪律处分条例》《政法工作条例》《人民警察法》《法官法》《检察官法》等

重点总结： 全面梳理执法办案重点、难点，筑牢执法司法腐败"防火墙"，弘扬司法正义

警示案例： 以案为镜、以案为鉴、以案为戒、时刻保持头脑清醒、筑牢拒腐防变思想防线

中国出版集团 | 全国百佳图书
中国民主法制出版社 | 出版单位

图书在版编目(CIP)数据

新时代政法干警不可触碰的纪律红线 / 王成艳
编著 . — 北京：中国民主法制出版社，2023.9
ISBN 978-7-5162-3349-8

Ⅰ . ①新… Ⅱ . ①王… Ⅲ . ①警察－纪律－研究－
中国 Ⅳ . ①D613.19

中国国家版本馆 CIP 数据核字（2023）第 156159 号

图书出品人：刘海涛
出版统筹：石　松
责任编辑：姜　华

书　　名 / 新时代政法干警不可触碰的纪律红线
作　　者 / 王成艳　编著

出版·发行 / 中国民主法制出版社
地址 / 北京市丰台区右安门外玉林里 7 号（100069）
电话 /（010）63055259（总编室）　63058068　63057714（营销中心）
传真 /（010）63055259
http：//www. npcpub. com
E-mail：mzfz@npcpub. com
经销 / 新华书店
开本 / 16 开　710 毫米×1000 毫米
印张 / 15　字数 / 200 千字
版本 / 2023 年 11 月第 1 版　2023 年 11 月第 1 次印刷
印刷 / 三河市腾飞印务有限公司

书号 / ISBN 978-7-5162-3349-8
定价 / 58.00 元

前 言
PREFACE

政法工作是党和国家工作的重要组成部分，政法队伍是建设法治中国、平安中国的重要力量，是不断谱写政法事业发展新篇章的重要基础。为全面贯彻以习近平同志为核心的党中央对政法队伍建设的决策部署，建设一支革命化、正规化、专业化、职业化的政法队伍，2022年2月，中央政法委、最高人民法院、最高人民检察院、公安部、国家安全部、司法部联合出台《新时代政法干警"十个严禁"》（以下简称"十个严禁"）。广大政法干警要深刻领会"十个严禁"的重大意义，自觉坚持党对政法工作的绝对领导，牢记为民服务宗旨，增强遵纪守法的底线意识，将"十个严禁"融入政法工作各方面、全过程，为经济社会高质量发展提供有力的法治保障。

学习宣传贯彻"十个严禁"是全国政法机关和广大政法干警今后一个时期的重要任务。全面深入学习领会"十个严禁"的精神实质和重要内容，首先要深刻了解和把握"十个严禁"出台的背景和意义，切实增强加强政法队伍建设的政治责任感和使命感。

党的十八大以来，以习近平同志为核心的党中央高度重视政法队伍建设。习近平总书记对政法队伍建设的极端重要性和迫切性进行了深刻论述，就政法队伍建设发表一系列重要讲话，作出一系列重要指示批示，为进一步加强政法队伍建设指明了方向、提供了根本遵循。"十个严禁"坚持以习近平新时代中国特色社会主义思想为指导，深入贯彻习近平法治思想，认真贯彻落实以习近平同志为核心的党中央对新时代政法队伍建设的部署要求，体现了严的主基调、"越往后越严"的要求。

政法队伍作为执法之公器、司法之利器，一段时期以来部分地区出现队伍不纯、不公、不力现象，个别单位甚至发生违法乱纪问题。按照党中央部署，2020年7月至2021年12月，在全国范围内开展了政法队伍教育整顿，全体政法干警接受了一次革命性锻造，政法队伍政治生态进一步优化、纪律作风进一步好转、素质能力进一步增强、执法司法公信力进一步提升。"十个严禁"围绕人民群众反映强烈的突出问题，系统总结了全国政法队伍教育整顿的制度性成果，对于推进全面从严管党治警、健全监督制约体系，具有十分重要的意义。

在我国，政法队伍是捍卫党的领导和人民民主专政的国家政权的重要力量，在全面建设社会主义现代化国家、实现第二个百年奋斗目标的新征程中，肩负着维护国家政治安全、确保社会大局稳定、促进社会公平正义、保障人民安居乐业的职责任务。面对百年未有之大变局，发展面临的机遇和挑战都前所未有。这就要求政法队伍不仅要有政治过硬的硬脊梁、敢于担当的铁肩膀，还要有善于成事的真本事。"十个严禁"目的就在于强化思想淬炼、政治历练、实践锻炼、专业训练，努力锻造一支有铁一般理想信念、铁一般责任担当、铁一般过硬本领、铁一般纪律作风的政法铁军，从而有效履行政法机关职责使命，为实现"两个一百年"奋斗目标和中华民族伟大复兴中国梦创造安全的政治环境、稳定的社会环境、公正的法治环境和优质的服务环境。

"十个严禁"针对政法干警违纪违法和执法司法顽瘴痼疾的重点问题，划定政法干警的思想"红线"和行为"底线"，是政法队伍的铁规禁令。"十个严禁"一共有十条，言简意赅、覆盖全面，突出针对性、实用性，彰显了加强政法队伍建设、整治沉疴顽疾的坚定决心。具体来说，有三个方面的特征：一是突出政治属性。政法机关首先是政治机关，政治性是第一属性，讲政治是第一要求。因此，坚定理想信念、对党绝对忠诚，是党和人民对政法队伍的一贯要求。"十个严禁"第一、

二、三条，聚焦政治建设、对党忠诚，强调严禁搞两面派、做两面人，严禁有令不行、有禁不止，严禁放任错误思潮侵蚀影响。二是突出政法特性。严格执法、公正司法是确保中国特色社会主义法律体系得到有效实施的关键环节，是政法工作的生命线。"十个严禁"紧密结合扫黑除恶、政法队伍教育整顿暴露出来的问题，全面梳理执法办案的重点、难点、"易错点"，筑牢防范执法司法腐败的"防火墙"。其中第四至八条，聚焦执法司法顽瘴痼疾，既强调严禁干预执法司法、徇私枉法、违规参与营利活动，又严令禁止包庇纵容黑恶势力、滥用执法司法权。第九条、第十条，聚焦纪律作风，强调严禁耍特权抖威风、违反保密纪律。三是突出制度刚性。制度贵在建立，难在落实。制度的制定就是为了落实和执行，而不是说在嘴上、写在纸上、挂在墙上，让制度沦为"稻草人"。因此，广大政法干警要强化制度执行意识，即知即改、立行立改，坚决防止制度成为摆设，切实维护制度的严肃性和权威性。

新时代政法干警贯彻执行"十个严禁"，需要在三个方面下功夫：

一是认真学习，准确领会精神要义。学习教育是抓好贯彻落实的首要环节。广大政法干警要逐字逐句研究，既要知道规定了什么，又要明白为什么这样规定，做到内化于心、外化于行，心中有戒、行有所止。同时，要把学习宣传"十个严禁"与深入学习贯彻习近平新时代中国特色社会主义思想、习近平法治思想和习近平总书记对政法工作最新指示精神紧密结合起来，准确把握"十个严禁"精神实质和实践要求，增强贯彻落实的责任感和紧迫感。

二是严以用权，时刻坚守廉洁底线。2018年12月13日，习近平总书记在主持中共中央政治局第十一次集体学习时强调："要教育监督各级国家机关和公职人员牢记手中的权力是党和人民赋予的，是上下左右有界受控的，切不可随心所欲、为所欲为。"① 少数干警违纪违法，甚至走上犯罪道路，就是因为把权力当成谋取私利的便捷工具，有的"靠山吃山、靠水吃水""近水楼台、雨露先沾"，有的在纪律和法度之外任性用权、以权谋私、搞权钱交易、权色交易，最终走向党和人民的对立面。"十个严禁"既是"紧箍咒"，更是"护身符"，广大政法干警要时刻保持如履薄冰、如临深渊的警觉意识，弄清楚富贵难尽头、物欲无止境、党内有规矩、人际有底线的道理，确保纪律红线不触碰、纪律底线不逾越。

三是执法为民，主动接受群众监督。人民性是政法机关的基本属性。广大政法干警要自觉把党的群众路线作为政法工作生命线，把人民满意作为衡量"十个严禁"成效的根本标准，做到让群众参与、受群众监督、由群众评判。要坚持民意导向，近距离倾听人民群众对政法工作的呼声和诉求，了解群众所思所想，不断提升各项工作的针对性、实效性。要结合群众反映的问题，切实找准自身存在的短板和不足，制定整改措施，持续改进工作，带着感情和责任解决群众各种操心事、烦心事、揪心事，确保取得实实在在的效果。

---

① 《习近平在中共中央政治局第十一次集体学习时强调 持续深化国家监察体制改革推进反腐败工作法治化规范化》，人民网 2018 年 12 月 14 日。

目录
CONTENTS

第二篇 勇于自我革命，整治顽瘴痼疾

中央政法委等 6 部委联合印发
《新时代政法干警"十个严禁"》

新华社北京 2 月 28 日电 日前，中央政法委、最高人民法院、最高人民检察院、公安部、国家安全部、司法部联合出台《新时代政法干警"十个严禁"》（以下简称"十个严禁"）并印发通知，要求各级政法机关认真贯彻执行、全体政法干警自觉遵守。

"十个严禁"深入贯彻习近平法治思想，深入贯彻习近平总书记关于加强政法队伍建设的重要指示和训词精神，是巩固深化全国政法队伍教育整顿成果、推进全面从严管党治警的重要举措。内容包括：严禁搞两面派、做两面人；严禁有令不行、有禁不止；严禁放任错误思潮侵蚀影响；严禁不当交往、干预执法司法；严禁玩忽职守、徇私枉法；严禁违规参与营利活动；严禁包庇纵容黑恶势力；严禁滥用执法司法权；严禁不作为乱作为、耍特权抖威风；严禁跑风漏气、失密泄密。其中强调，凡违反"十个严禁"的，依规依纪依法严肃处理。

"十个严禁"，划定了政法干警的思想"红线"和行为"底线"，是全国政法队伍教育整顿的重要制度成果。通知要求，各级党委政法委、政法单位要以落实"十个严禁"为契机，持续深化政法系统正风肃纪反腐，形成风清气正的政治生态，努力打造忠诚干净担当的新时代政法铁军。要深刻认识"十个严禁"的重要意义和刚性要求，采取有效措施，让铁规禁令成为带电的"高压线"，教育引导广大政法干警做到内化于心、外化于行，成为政法干警的思想和行为自觉。对落实"十个严禁"不力，导致问题多发频发、造成严重后果的，将严肃追究相关单位和责任人责任。

通知强调，要做到贯彻执行"十个严禁"受群众监督、由群众评价，定期公布违反和严格遵守"十个严禁"的典型案例，释放全面从严管党治警的鲜明信号。据了解，对政法干警违反"十个禁令"行为，人民群众可向政法机关或登录"12337"智能化举报平台进行举报。

（资料来源：新华网 2022 年 2 月 28 日）

新时代政法干警"十个严禁"

坚持以习近平新时代中国特色社会主义思想为指导，深入贯彻习近平法治思想，深入贯彻习近平总书记关于加强政法队伍建设的重要指示和训词精神，坚持党的绝对领导，增强"四个意识"、坚定"四个自信"、做到"两个维护"，不断提高政治判断力、政治领悟力、政治执行力，自觉遵守"十个严禁"。

一、严禁搞两面派、做两面人。决不允许违反政治纪律、政治规矩，对党不忠诚不老实，结党营私、搞团团伙伙。

二、严禁有令不行、有禁不止。决不允许贯彻执行党中央决策部署不坚决，做选择、搞变通、打折扣，欺上瞒下、弄虚作假，不遵守请示报告制度。

三、严禁放任错误思潮侵蚀影响。决不允许在大是大非问题上认识模糊、立场摇摆，对西方"宪政""三权鼎立""司法独立"等态度暧昧、不敢发声亮剑。

四、严禁不当交往、干预执法司法。决不允许违反"三个规定"，请托说情打招呼，不如实记录报告，不正当接触交往，充当司法掮客。

五、严禁玩忽职守、徇私枉法。决不允许办"关系案""人情案""金钱案"，有案不立、压案不查、有罪不究，违规违法办理减刑、假释、暂予监外执行。

六、严禁违规参与营利活动。决不允许违规经商办企业、违规参股借贷，纵容默许配偶、子女及其配偶违规从事经营活动，利用职权或影响力谋取私利。

七、严禁包庇纵容黑恶势力。决不允许对黑恶行为视而不见、听之任之，纵容涉黑涉恶活动，充当"保护伞"。

八、严禁滥用执法司法权。决不允许逐利执法、越权执法、过度执法，滥用侦查措施、强制措施、自由裁量权，插手经济纠纷。

九、严禁不作为乱作为、耍特权抖威风。决不允许漠视群众利益，对待群众简单粗暴、推诿扯皮、吃拿卡要。

十、严禁跑风漏气、失密泄密。决不允许以任何形式泄露党和国家秘密、政法工作秘密、商业秘密和公民个人信息。

凡违反"十个严禁"的，依规依纪依法严肃处理。

（资料来源：最高人民法院网站 2022 年 2 月 28 日）

第一篇

强化政治意识，淬炼忠诚警魂

2014年1月7日，习近平总书记在中央政法工作会议上明确提出："要按照政治过硬、业务过硬、责任过硬、纪律过硬、作风过硬的要求，努力建设一支信念坚定、执法为民、敢于担当、清正廉洁的政法队伍。"党的二十大报告指出："全面建设社会主义现代化国家，必须有一支政治过硬、适应新时代要求、具备领导现代化建设能力的干部队伍。"旗帜鲜明讲政治是政法机关的第一属性，筑牢政治忠诚是党中央对政法队伍的一贯要求。新时代政法干警要以习近平新时代中国特色社会主义思想为指导，深入贯彻习近平法治思想，把准政治方向，保持政治清醒，严守政治纪律和政治规矩，持续打牢永葆忠诚纯洁可靠政治本色的思想基础。

第一讲　严守政治纪律、政治规矩，
不当两面派、两面人

严禁搞两面派、做两面人。决不允许违反政治纪律、政治规矩，对党不忠诚不老实，结党营私、搞团团伙伙。

——《新时代政法干警"十个严禁"》

党的十八大以来，习近平总书记多次尖锐指出党内存在的"两面人"问题，在党的十九大报告中又特别强调，全党要"弘扬忠诚老实、公道正派、实事求是、清正廉洁等价值观""坚决反对搞两面派、做两面人"。党的二十大报告指出："坚决防止领导干部成为利益集团和权势团体的代言人、代理人，坚决治理政商勾连破坏政治生态和经济发展环境问题，决不姑息。"政法战线事关政治安全、社会安定、人民安宁，如果出现"两面人"，政法队伍的行动力、战斗力就会大为削弱。因此，"十个严禁"明确规定，"严禁搞两面派、做两面人"。新时代政法干警要始终保持理论上的清醒、政治上的坚定，在反复淬炼和锻造中祛除思想"灰尘"、弘扬清风正气，坚决做"两个确立"的忠诚拥护者、"两个维护"的坚定践行者。

一、践行政治纪律，严明政治规矩

习近平总书记在二十届中央纪委二次全会上发表重要讲话强调："纪律是管党治党的'戒尺'，也是党员、干部约束自身行为的标准和遵循。要把纪律建设摆在更加突出位置，党规制定、党纪教育、执纪监督全过程都要贯彻严的要求，既让铁纪'长牙'、发威，又让干部重视、警醒、知止，使全党形成遵规守纪的高度自觉。"习近平总书记 10 年前就明确指出："严明党的纪律，首要的就是严明政治纪律。"① 2018 年 8 月，中共中央印发了修订后的《中国共产党纪律处分条例》（以下简称纪律处分条例），条例将违纪行为分为违反政治纪律、组织纪律、廉洁纪律、群众纪律、工作纪律和生活纪律六类。在党的全部纪律中，政治纪律是打头、管总的，是党最重要、最根本、最关键的纪律，是维护党的政治原则、政治方向和党的政治路线的纪律，是维护党的团结统一的根本保证。

党的规矩包括四个方面：第一，党章是全党必须遵循的总章程，也是总规矩；第二，党的纪律是刚性约束，政治纪律更是全党在政治方向、政治立场、政治言论、政治行动方面必须遵守的刚性约束；第三，国家法律是党员、干部必须遵守的规矩；第四，党在长期实践中形成的优良传统和工作惯例。由此可见，"党的规矩"的外延要比"党的纪律"更大。② 其中，"两个维护"是党的最高政治原则和根本政治规矩。提出严守政治规矩，本质是为了维护党中央权威、维护党内团结统一、重塑党组织的纪律性和约束力，净化党的政治生态。

新时代政法干警要按照"十个严禁"的要求，始终把政治纪律和政治规矩挺在最前面，把遵守纪律铭刻在灵魂中、熔铸在血液里，自觉做

---

① 《习近平谈治国理政》（第一卷），外文出版社 2014 年版，第 386 页。
② 《中共的政治规矩是什么》，《人民日报》（海外版）2015 年 1 月 29 日。

政治上的明白人、遵规守纪的老实人。党的十八大以来发现的管党治党的所有问题，从本质上看都是政治问题，都是政治纪律和政治规矩不强的问题。综观近年来政法领域查办的案件，有的对中央的决策和要求阳奉阴违、另搞一套；有的搞山头主义和宗派主义，破坏党的集中统一；有的不负责任地道听途说，甚至捕风捉影，编造传播政治谣言；有的培植亲信、搞违规提拔，安插亲信在重要岗位任职……虽然表现形式各有不同，但都是"七个有之"（即"一些人无视党的政治纪律和政治规矩，为了自己的所谓仕途，为了自己的所谓影响力，搞任人唯亲、排斥异己的有之，搞团团伙伙、拉帮结派的有之，搞匿名诬告、制造谣言的有之，搞收买人心、拉动选票的有之，搞封官许愿、弹冠相庆的有之，搞自行其是、阳奉阴违的有之，搞尾大不掉、妄议中央的也有之"①）的具体表现，都是党的政治纪律和政治规矩所不容许的。

遵守政治纪律和政治规矩不是抽象的，而是具体的，体现在工作生活中的每一个方面。比如，某市中级人民法院环境资源审判庭原庭长、四级高级法官、审判员杨某某违反政治纪律，在家中设置佛堂，烧香拜佛，参与封建迷信活动意图逃避惩处、消灾解难。2022年1月，杨某某因严重违纪违法被开除党籍和公职。杨某某在封建迷信活动中寻找自己的价值和信念，是信仰缺失、精神空虚的表现。实际上无论违反哪方面的纪律，最终都会侵蚀党的执政基础，说到底都是破坏党的政治纪律。

广大政法干警要把政治纪律和政治规矩刻印在心上、落实在行动中，维护党的团结，遵循组织程序，进一步增强"四个意识"、坚定"四个自信"、做到"两个维护"，达到自我净化、自我完善、自我革新、自我提高的目的。

第一，强化理想信念。理想信念是政法队伍根之所在、魂之所系。

---

① 中共中央纪律检查委员会、中共中央文献研究室编：《习近平关于严明党的纪律和规矩论述摘编》，中央文献出版社、中国方正出版社2016年版，第22页。

广大政法干警必须坚持不懈用习近平新时代中国特色社会主义思想武装头脑，旗帜鲜明坚持党对政法工作的绝对领导，善于从政治上分析和解决问题，不断提高政治判断力、政治领悟力、政治执行力。党的二十大报告指出："加强理想信念教育，引导全党牢记党的宗旨，解决好世界观、人生观、价值观这个总开关问题，自觉做共产主义远大理想和中国特色社会主义共同理想的坚定信仰者和忠实实践者。"

第二，站稳人民立场。中国共产党根基在人民、血脉在人民、力量在人民。人民立场是中国共产党的根本政治立场，是马克思主义政党区别于其他政党的显著标志。坚持站稳人民立场，就是要始终代表最广大人民的根本利益，与人民休戚与共、生死相依，始终同人民同呼吸、共命运、心连心。广大政法干警一定要把人民放在心中最高位置，把执法司法为民作为最重要的职业良知，努力实现好、维护好、发展好最广大人民群众的根本利益。

第三，淬炼政治能力。习近平总书记在 2020 年秋季学期中央党校（国家行政学院）中青年干部培训班开班式上强调："在干部干好工作所需的各种能力中，政治能力是第一位的。有了过硬的政治能力，才能做到自觉在思想上政治上行动上同党中央保持高度一致，在任何时候任何情况下都能'不畏浮云遮望眼'、'乱云飞渡仍从容'。"广大政法干警淬炼政治能力，要从以下方面入手：一是要牢固树立政治理想，带头树立共产主义远大理想和中国特色社会主义共同理想，以实际行动让人民群众感受到理想信念的强大力量，而不能说的不信、信的不说，说的不做、做的不说。二是要正确把握政治方向，必须全面贯彻执行党的基本路线，任何时候都不能有丝毫偏离和动摇，对一切违背、歪曲、否定党的基本路线的言行，必须旗帜鲜明反对和抵制。三是要坚定站稳政治立场，坚定不移把维护党中央权威，维护党中央的核心、全党的核心落实到行动中去，落实到推进改革发展稳定各项工作中去。四是要严格遵守政治纪律，严禁搞两面派、做两面人，要自觉接受政治纪律约束，守住底线不逾矩。

深度把握

政治纪律负面清单

"四个意识"不强、落实"两个维护"不到位	（1）在重大原则问题上不同党中央保持一致且有实际言论、行为或者造成不良后果。
	（2）在党内组织秘密集团或者组织其他分裂党的活动，参加秘密集团或者参加其他分裂党的活动。
	（3）党员领导干部在本人主政的地方或者分管的部门自行其是，搞山头主义，拒不执行党中央确定的大政方针，甚至背着党中央另搞一套。
	（4）落实党中央决策部署不坚决，打折扣、搞变通，在政治上造成不良影响或者严重后果。
	（5）擅自对应当由党中央决定的重大政策问题作出决定、对外发表主张。
发表、传播有严重政治问题的言论	（6）通过网络、广播、电视、报刊、传单、书籍等，或者利用讲座、论坛、报告会、座谈会等方式，公开发表坚持资产阶级自由化立场，反对、违背四项基本原则，反对、违背、歪曲党的改革开放决策或者其他有严重政治问题的文章、演说、宣言、声明等；妄议党中央大政方针，破坏党的集中统一；丑化党和国家形象，或者诋毁、诬蔑党和国家领导人、英雄模范，或者歪曲党的历史、中华人民共和国历史、人民军队历史，或者为上述行为提供方便条件。
	（7）制作、贩卖、传播坚持资产阶级自由化立场、反对四项基本原则、反对改革开放决策、有严重政治问题的书刊、音像制品、电子读物、网络音视频资料等。
	（8）私自携带、寄递坚持资产阶级自由化立场、反对四项基本原则、反对改革开放决策、有严重政治问题的书刊、音像制品、电子读物入出境。

破坏党的团结统一	（9）在党内搞团团伙伙、结党营私、拉帮结派、培植个人势力等非组织活动，或者通过搞利益交换、为自己营造声势等活动捞取政治资本。
	（10）制造、散布、传播政治谣言，破坏党的团结统一；政治品行恶劣，匿名诬告，有意陷害或者制造其他谣言，造成损害或者不良影响。
对组织不忠诚、不老实	（11）对党不忠诚不老实，表里不一，阳奉阴违，欺上瞒下，搞两面派，做两面人。
	（12）不按照有关规定向组织请示、报告重大事项。
	（13）干扰巡视巡察工作或者不落实巡视巡察整改要求。
	（14）对抗组织审查，包括有串供或者伪造、销毁、转移、隐匿证据；阻止他人揭发检举、提供证据材料；包庇同案人员；向组织提供虚假情况、掩盖事实等行为；或者有其他对抗组织审查行为。
组织或参加宗教、迷信活动	（15）组织、参加会道门或者邪教组织。
	（16）信仰宗教，经党组织帮助教育仍没有转变，参与利用宗教搞煽动活动。
	（17）组织迷信活动；参加迷信活动造成不良影响。
组织或参加反党、反社会主义活动	（18）组织、参加反对党的基本理论、基本路线、基本方略或者重大方针政策的集会、游行、示威等活动；或者以组织讲座、论坛、报告会、座谈会等方式，反对党的基本理论、基本路线、基本方略或者重大方针政策，造成严重不良影响。
	（19）组织、参加旨在反对党的领导、反对社会主义制度或者敌视政府等组织。
	（20）从事、参与挑拨破坏民族关系制造事端或者参加民族分裂活动；有其他违反党和国家民族政策的行为。

续表

组织或参加反党、反社会主义活动	（21）组织、利用宗教活动反对党的路线、方针、政策和决议，破坏民族团结；有其他违反党和国家宗教政策的行为。
	（22）组织、利用宗族势力对抗党和政府，妨碍党和国家的方针政策以及决策部署的实施，或者破坏党的基层组织建设。
在国（境）外或涉外活动中有政治问题言行	（23）在国（境）外、外国驻华使（领）馆申请政治避难，或者违纪后逃往国（境）外、外国驻华使（领）馆，故意为这些行为提供方便条件。
	（24）在国（境）外公开发表反对党和政府的文章、演说、宣言、声明，以及故意为这些行为提供方便条件。
	（25）在涉外活动中，其言行在政治上造成恶劣影响，损害党和国家尊严、利益。
履行全面从严治党"两个责任"失职失责	（26）不履行全面从严治党主体责任、监督责任或者履行全面从严治党主体责任、监督责任不力，给党组织造成严重损害或者严重不良影响。
违反党的政治规矩	（27）党员领导干部对违反政治纪律和政治规矩等错误思想和行为不报告、不抵制、不斗争，放任不管，搞无原则一团和气，造成不良影响。
	（28）违反党的优良传统和工作惯例等党的规矩，在政治上造成不良影响。

（资料来源：根据《中国共产党纪律处分条例》《纪律通识》等整理）

依据参考

关于严禁违反政治纪律、政治规矩的有关规定

《中国共产党章程》

第三条　党员必须履行下列义务：

......

（四）自觉遵守党的纪律，首先是党的政治纪律和政治规矩，模范遵守国家的法律法规，严格保守党和国家的秘密，执行党的决定，服从组织分配，积极完成党的任务。

《中共中央关于加强党的政治建设的意见》

政治纪律是党最根本、最重要的纪律，是净化政治生态的重要保证。要把坚决做到"两个维护"作为首要政治纪律，在全党持续深入开展忠诚教育，开展"守纪律、讲规矩"模范机关创建和先进个人评选活动，教育督促党员干部始终对党忠诚老实，决不允许在重大政治原则问题上、大是大非问题上同党中央唱反调，搞自由主义。严格执行《中国共产党纪律处分条例》，严肃查处违反政治纪律的行为，通过严明政治纪律带动党的其他纪律严起来。坚持"五个必须"，必须维护党中央权威，决不允许背离党中央要求另搞一套；必须维护党的团结，决不允许在党内培植个人势力；必须遵循组织程序，决不允许擅作主张、我行我素；必须服从组织决定，决不允许搞非组织活动；必须管好领导干部亲属和身边工作人员，决不允许他们擅权干政、谋取私利。严肃查处"七个有之"问题，把政治上蜕变的两面人及时辨别出来、清除出去，坚决防止党内形成利益集团攫取政治权力、改变党的性质，坚决防止山头主义和宗派主义危害党的团结、破坏党的集中统一。

《中国共产党纪律处分条例》

第六十八条　党员领导干部对违反政治纪律和政治规矩等错误思想

和行为不报告、不抵制、不斗争，放任不管，搞无原则一团和气，造成不良影响的，给予警告或者严重警告处分；情节严重的，给予撤销党内职务或者留党察看处分。

第六十九条　违反党的优良传统和工作惯例等党的规矩，在政治上造成不良影响的，给予警告或者严重警告处分；情节较重的，给予撤销党内职务或者留党察看处分；情节严重的，给予开除党籍处分。

案例解析

某市公安局副局长妄议党中央大政方针造成恶劣影响

吴某是某市公安局副局长，中共党员。一个周六的午后，在家休息的吴某闲来无事，便打开微信浏览朋友圈。其间，他看到一篇关于"一国两制"的文章，觉得"甚好"，便轻点手机屏幕进行分享，并罔顾"一国两制"政策出台的背景与实际，发表评论大肆抨击、公然否定。由于吴某社会关系广、朋友杂，其观点被广泛转发，造成恶劣影响。

解析

吴某违反的是很重要的一条政治纪律——不得妄议党中央大政方针。"妄议党中央大政方针，破坏党的集中统一"，是纪律处分条例第46条规定的内容。党中央在制定重大方针政策时，通过不同的渠道和方式，充分听取有关党组织和党员的意见建议，但是有些人"当面不说、背后乱说""会上不说、会后乱说""台上不说、台下乱说"。妄议党中央大政方针，破坏党的集中统一，是违反政治纪律的突出表现，也违反了党章规定的民主集中制原则。

"一国两制"是党中央为了实现祖国和平统一而提出的基本国策，对解决历史遗留问题具有重要意义，并已经在解决香港、澳门问题中得到成功运用。吴某身为共产党员、市公安局副局长，大肆抨击、公然否定"一国两制"，显然属于妄议党中央大政方针。另外，吴某社会关系广、朋友杂，微信朋友圈具有相当的公开性。其妄言妄语，被广泛转发，造成了恶劣影响，破坏了党的集中统一。

不能妄议党中央大政方针是政法干警不可逾越的政治纪律底线。对妄议党中央大政方针行为的纪律处分，体现了党的政治纪律和政治规矩的严明、对全面从严治党向纵深发展的推动意义重大。广大政法干警应自觉在思想上、政治上、行动上与党中央保持高度一致，决不能"当面不说，背后乱说""会上不说，会后乱说""台上不说，台下乱说"；也不能心无敬畏，在网络世界里丧失政治立场，随心所欲、妄言妄语。否则，一不小心就可能触犯纪律底线，悔之莫及。

二、对党绝对忠诚，永葆政治本色

在党的政治纪律中，对党绝对忠诚是最重要的政治纪律。习近平总书记强调："遵守党的政治纪律，最核心的，就是坚持党的领导，坚持党的基本理论、基本路线、基本纲领、基本经验、基本要求，同党中央保持高度一致，自觉维护中央权威。"①"政法姓党"是政法机关的根本政治属性，是政法队伍永远不变的根和魂，是政法工作必须牢牢把握的根本政治原则。"十个严禁"明确规定，决不允许对党不忠诚不老实。新时代政法干警要不断弘扬伟大建党精神，坚持把对党忠诚、为党分忧、为党尽职、为民造福作为根本政治担当，任何时候任何情况下都不改其心、不移其志、不毁其节，确保始终听党指挥、忠诚使命。

习近平总书记指出："对党绝对忠诚要害在'绝对'两个字，就是唯一的、彻底的、无条件的、不掺任何杂质的、没有任何水分的忠

---

① 《习近平谈治国理政》（第一卷），外文出版社 2014 年版，第 386 页。

诚。"① 在这句话中，"绝对"的意思就是，对党的忠诚，是没有附加任何条件的，无论什么情况下，都要做到对党忠诚，听党话、跟党走。实践中，我们要防止两种不忠诚现象的发生。

一是谨防"相对忠诚"，要做"绝对忠诚"。有的政法干警基本忠诚尚能做到，如果说"绝对"，还有差距，表现在对马克思主义以及对中国特色社会主义道路、理论体系和制度文化的信仰上，表态时表示坚决拥护，但私下里心存疑虑；在贯彻落实党的决策决议时，口头上信誓旦旦、坚决执行，但在具体行动中以自我为中心，合自己意愿的就执行，不合自己意愿的就不执行。还有的干警在个人进步顺利时表现得很忠诚，在个人发展进步受阻时，就牢骚满腹，怨组织、讲怪话。这种"相对忠诚"实质上是一种政治投机。

二是谨防"一阵子忠诚"，要做"一辈子忠诚"。 2020 年 8 月 26 日，习近平总书记在中国人民警察警旗授旗仪式上发表重要训词，明确提出"对党忠诚、服务人民、执法公正、纪律严明"的要求，其中第一重要的就是对党忠诚。政法机关是党和人民手中的"刀把子"，一旦脱离了党和人民的掌握，落入别有用心的人手中，就会成为伤害党的事业和人民合法利益的犀利武器。广大政法干警只有把对党绝对忠诚体现在一点一滴、贯穿于一生一世，才能坚定地捍卫宪法确立的根本政治制度，为党和人民事业发展提供坚强的法治保障。但一些干警随着时间的流逝，经不起考验，逐渐淡忘了自己曾经立下的誓言，信仰丢失、精神迷失，最终跌了跟头，教训发人深省。

汤某某曾是某市某区法院审判员，刚参加工作的他由于工作勤奋努力，多次受到市级表彰，曾获得"十佳政法干警"称号。 2013 年，汤某某刚过了 50 岁生日，此时的他放松了对自己的要求，每逢单位组织廉

---

① 中共中央纪律检查委员会、中共中央文献研究室编：《习近平关于严明党的纪律和规矩论述摘编》，中央文献出版社、中国方正出版社 2016 年版，第 24 页。

政讲座，他就觉得是老生常谈，特别是参加庭长竞争上岗未能如愿，让汤某某心里越发不平衡，逐渐忘却了当法官的初心和入党时的誓言，最终把党纪国法抛于脑后，在相关案件办理中收受财物、帮他人谋取利益。2019年12月，汤某某被开除党籍、开除公职，被移送检察机关审查起诉。

汤某某的例子告诉我们，在对党忠诚这件事上，不能"讲条件""掺杂质"，必须做到时时、处处、事事忠诚，特别是在遇到挫折、遭受委屈时要一如既往地坚守对党的忠诚。如果顺境时、对自己进步有利时才讲忠诚，逆境时、不合自己心意时就背弃信仰，那就是在做"选择题"，不是真忠诚，是伪忠诚。

此外，还有极少数政法干警弄虚作假，搞两面派、做两面人。两面人的主要表现是：白天一副面孔，晚上一副面孔；表面信仰马列，背后迷信"大师"；表面勤勤恳恳，背后吃喝玩乐；表面谋划发展，背后官商勾结；表面中规中矩，背后我行我素；表面任人唯贤，背后任人唯钱；表面五湖四海，背后拉帮结派。某县检察院原党组成员、原副检察长殷某某，指挥侦办及主办了一批有影响的职务犯罪案件，但他一边查处腐败案件，一边以权谋私、大搞腐败，"完美"演绎他的"两面人生"。2019年9月，他被法院判处有期徒刑4年6个月，并处罚金人民币30万元。

对党忠诚不分层级、不分岗位、不分年龄，是全体政法干警的共同操守，必须落实到工作生活的各个方面。

一要深悟忠诚之要。深刻理解习近平新时代中国特色社会主义思想的核心要义、精神实质、丰富内涵、实践要求，坚定捍卫"两个确立"，坚决做到"两个维护"。认真贯彻落实《中国共产党政法工作条例》（以下简称政法工作条例），切实做到党中央提倡的坚决响应、党中央决定的坚决执行、党中央禁止的坚决不做。

二要严守忠诚之矩。增强"房间要经常打扫"的自觉，找一找在知敬畏、存戒惧、守底线方面存在哪些差距，正确处理公私、义利、是非、情法、亲清、俭奢、苦乐、得失的关系，坚决守住底线、不越红线、不碰高压线。

三要恪守忠诚之责。习近平总书记明确指出："发展是硬道理，稳定也是硬道理，抓发展、抓稳定两手都要硬。"[①] 政法干警要毫不动摇把维护国家安全和社会稳定作为新时代政法工作的首要任务，善于运用先进的理念、科学的态度、专业的方法、精细的标准提升社会治理效能，确保社会既充满活力又和谐有序，努力实现法安天下、德润人心。

深度把握

如何准确把握"两面人"违纪行为构成要件

构成要件	主体	一般党员。从行为危害性看，主要是党员领导干部这一"关键少数"。
	主观方面	主要表现为故意，即违纪主体知道或者应当知道自己伪装、表演行为会产生辜负组织信任、欺骗群众等后果，仍然坚持实施。
	客体	背离对党忠诚老实、言行一致要求，以及消减群众对党员干部政治品行的信任度。
	客观方面	人前廉洁模范，人后肆无忌惮；台上谈纪律规矩，台下自行其是；镜头前道貌岸然，无人处品德败坏；抬头讲主义，低头搞诡计；人前淡泊名利，人后沽名钓誉。

[①] 《习近平会见全国社会治安综合治理表彰大会代表》，新华网 2017 年 9 月 19 日。

| 与类似违纪行为的比较 | 与对抗组织审查行为的比较 | 一是从主观故意看，对抗组织审查行为的目的是破坏、干扰调查工作，以达到逃避处理的目的。而"两面人"行为大多具有"表演""作秀"的故意，一般没有对抗审查目的。

二是从发生时间看，对抗组织审查行为大多发生在审查调查前后等特殊时间节点，而"两面人"行为一般发生在日常工作、生活中。

三是从表现形式看，对抗组织审查行为表现为串供、伪造证据、转移赃物等形式，通常需要他人配合才能完成，而"两面人"行为带有"自弹自唱"的表演性质。 |
| | 与违反政治纪律、政治规矩行为的比较 | 忠诚老实、言行一致也是政治纪律和政治规矩的要求，两者区别在于条规适用上遵从特殊优于一般的原则，"两面人"行为是特殊条规，因此优先适用《中国共产党纪律处分条例》第51条。 |

（资料来源：根据许展《"两面人"违纪行为辨析》，《中国纪检监察报》2019年8月21日整理）

依据参考

关于对党忠诚老实的有关规定要求

《中国共产党章程》

第六条 预备党员必须面向党旗进行入党宣誓。誓词如下：我志愿加入中国共产党，拥护党的纲领，遵守党的章程，履行党员义务，执行党的决定，严守党的纪律，保守党的秘密，对党忠诚，积极工作，为共产主义奋斗终身，随时准备为党和人民牺牲一切，永不叛党。

《中共中央关于加强党的政治建设的意见》

要以正确的认识、正确的行动坚决做到"两个维护"，坚决防止和纠正一切偏离"两个维护"的错误言行，不得搞任何形式的"低级红"、"高级黑"，决不允许对党中央阳奉阴违做两面人、搞两面派、搞"伪忠诚"。

《关于新形势下党内政治生活的若干准则》

党的各级组织和全体党员必须对党忠诚老实、光明磊落，说老实话、办老实事、做老实人，如实向党反映和报告情况，反对搞两面派、做"两面人"，反对弄虚作假、虚报浮夸，反对隐瞒实情、报喜不报忧。

《中国共产党纪律处分条例》

第五十一条　对党不忠诚不老实，表里不一，阳奉阴违，欺上瞒下，搞两面派，做两面人，情节较轻的，给予警告或者严重警告处分；情节较重的，给予撤销党内职务或者留党察看处分；情节严重的，给予开除党籍处分。

《中国共产党政法工作条例》

第八条　党中央加强对政法工作的全面领导：

......

（四）加强政法系统组织建设和党风廉政建设，领导和推动建设忠诚干净担当的高素质专业化政法队伍，为政法工作提供组织保证。

案例解析

公车私用走亲访友，合谋串供妨碍调查

2015年春节前夕，某市某区法院研究室副主任张某某利用工作之便，乘坐本院驾驶员赵某驾驶的公务车购买节日走访礼品，并到多地走访看望亲戚朋友。在该区纪委对其公车私用问题开展调查期间，张某某又与赵某等人合谋串供，妨碍组织调查。问题查实后，张某某受到党内严重警告处分。

解析

本案中，张某某公车私用，并与赵某等人合谋串供，妨碍组织调查。这说明他根本不把党纪国法、制度规定放在眼里，知纪违纪，顶风作案，而且对抗组织调查，错上加错。事实证明，所有的"努力"不过徒劳。

部分违纪违法干警在面对组织调查时，不甘在党纪法规面前"束手就擒"，心里想的不是老老实实交代问题，争取组织的宽大处理，而是处心积虑加以对抗，作"垂死挣扎"。有的在面对组织审查时，伪造借条、虚假起诉，还大搞"沙盘推演"、模拟纪委监委问话；有的被人举报后，把行贿老板一个个叫过来"模拟对话"，同老板订立攻守同盟；有的转移赃款赃物，企图消灭证据于"无形"，瞒天过海、蒙混过关；还有的对内部文件、资料进行造假……这些行为都属于对抗组织调查。

对抗组织调查，就是对党不忠诚、不老实的表现。究其原因主要有：一是不重视，对组织调查不以为然，认为自身存在的问题都是小问题，没有必要"上纲上线"；二是部分被调查人本身就存在违纪违法问题，担心会受到处分，面对组织函询自然会遮遮掩掩，不敢向组织主动坦白交代；三是存在侥幸心理，误认为只要自己不说，组织就无法掌握自己的违纪违法行为，一再错失组织给予的改正机会。

与对抗组织调查形成鲜明对比的是"主动投案自首"，越来越多的违纪违法政法干警迷途知返。纪律处分条例第17条明确指出，主动交代本人应当受到党纪处分的问题的；在组织核实、立案审查过程中，能够配合核实审查工作，如实说明本人违纪违法事实的，可以从轻或者减轻处分。第一批政法队伍教育整顿和"回头看"期间，全国向纪委监委主动投案的政法干警近2万人，立案审查调查涉嫌违纪违法干警49163人，采取留置措施2875人，综合运用四种形态处理处分干警178431人，其中第一种形态占83%，第二种形态占14%，第三种形态占

1.9%，第四种形态占 1.1%。^① 因此，只有相信组织、依靠组织，老老实实向组织坦白才是唯一出路。面对组织调查，违纪违法的政法干警要积极配合调查、如实反映情况、主动交代问题，争取获得宽大处理。

三、摒弃圈子文化，拒绝结党营私

"君子之交淡如水，为政之道清似茶。"习近平总书记在 2014 年 10 月 8 日党的群众路线教育实践活动总结大会上强调："不允许搞团团伙伙、帮帮派派，不允许搞利益集团、进行利益交换。"^② 这既是党的政治纪律，也是党内政治生活不可触碰的红线。"十个严禁"明确规定，决不允许结党营私、搞团团伙伙。新时代政法干警要不为名利所累、不为物欲所惑，远离"小圈子"，靠拢"大家子"，积极靠拢党组织、靠拢人民群众。反之，就是给自己"挖坑埋雷"，早晚会出事。

结党营私、拉帮结派，实际上就是我们所说的"小圈子"，是搞亲亲疏疏、团团伙伙，拉山头、搞宗派，结党营私、谋取私利的小团体。在我们党的不同历史时期，"小圈子"都以不同的形式存在过。时至今日，结党营私、拉帮结派在一些地方和单位沉渣泛起，甚至愈演愈烈。究其原因，主要有以下几个方面。

一是封建思想残余。团团伙伙是封建人身依附关系和江湖帮派文化的产物。一些人受封建主义残余思想影响，热衷于搞人身依附、"君臣关系"那一套，搞一言堂和家长制，对个人尽忠，讲江湖义气，把分管领域变成"独立王国"。在某市公安系统，熟悉市公安局局长的人用"三无"来给他画像，即"目无党纪国法、目无组织、目无群众"。他

---

① 李灵娜、徐菱骏：《第一批政法队伍教育整顿和"回头看"结束 近 2 万名干警向纪委监委投案》，中央纪委国家监委网站 2021 年 8 月 18 日。

② 中共中央纪律检查委员会、中共中央文献研究室编：《习近平关于严明党的纪律和规矩论述摘编》，中央文献出版社、中国方正出版社 2016 年版，第 21 页。

的口头禅是："我就是党委，你最终还不是听我的。"在担任市公安局局长期间，这位局长先后两次大面积提拔干部，竟然不上报市委组织部和市委政法委，把市公安局当成了自己的"独立王国"。

二是不良圈子文化。习近平总书记指出："有的干部信奉拉帮结派的'圈子文化'，整天琢磨拉关系、找门路，分析某某是谁的人，某某是谁提拔的，该同谁搞搞关系、套套近乎，看看能抱上谁的大腿。"①这些问题尽管触目惊心，但都是不容否认的事实。一些干警明目张胆拉关系、找靠山，投机钻营，建立各种"关系群"，搞派别之争、门第之见，党内关系变成了利益关系。

三是权钱交易行为。一些干警热衷于搞团团伙伙、拉帮结派，看上去是同学、老乡、战友等关系结成的"铁哥们"，实则是以利益为核心，以权力为纽带，以谋利为目的，搞权权交易、权钱交易，利益输送、抱团腐败，严重败坏了政治生态，带坏了社会风气。有一个叫"小四毛"的涉黑案件，就是一起监狱、法院、检察、公安系统人员和"黑"律师交织的司法腐败窝案，他们以老乡、同学等关系为纽带结成圈子，相互依托、利益输送。

还有一些干警可能认为，防范"小圈子"是领导干部的事情，和自己没有什么关系。其实不然，有的普通干警出于对自己不自信、对规矩不放心、对组织不信任，热衷组织战友会、同乡会、同学会等，其实醉翁之意不在酒，背后大都有利益上的考量、关系上的算计，纯粹的、不沾染利益的友谊微乎其微。这就提醒我们，要对拉帮结派的"圈子文化"保持高度警惕，始终铭记决不允许搞团团伙伙、拉帮结派、利益输送，永远明白真正的"护身符"不是"哪条线""某圈子""谁的人"，而是心中那把遵纪守法的戒尺。一方面，要筑牢思想篱笆，保持政治清

---

① 中共中央文献研究室编：《十八大以来重要文献选编》（上），中央文献出版社 2014 年版，第 769 页。

醒和政治定力，敢于对"圈子文化"说"不"；另一方面，一切厚重的成功必须用心血和汗水换来，广大政法干警要踏实干事创业，靠实干实绩赢得组织和人民群众的信任。

深度把握

如何准确把握非组织活动违纪行为的构成要件

构成要件	主体	一般党员，不要求是党员领导干部等特殊主体。
	主观方面	故意。
	客体	侵犯党的团结统一，污染政治生态。
	客观方面	第一，在党内搞团团伙伙。 第二，结党营私、拉帮结派、培植个人势力。 第三，通过搞利益交换、舆论造势等活动捞取政治资本。
与类似行为的区别	与拒不执行党中央确定的大政方针"搞山头主义"的区别	一是违纪主体不同。非组织活动违纪主体是一般党员干部，搞山头主义违纪主体是党员领导干部。 二是表现形式不同。搞山头主义表现为拒不执行党中央确定的大政方针，甚至背着党中央另搞一套，非组织活动虽可能有政治目的，但未必表现为拒不执行大政方针。 三是处分档次不同。非组织活动处分起步档次是党内严重警告，搞山头主义处分起步档次是撤销党内职务。

续表

与类似行为的区别	与违规组织、参加乡友会等行为的区别	一是违纪主体不同。违规组织、参加乡友会主体是党员领导干部。非组织活动不要求特殊主体。 二是表现形式不同。非组织活动虽可能以老乡会、校友会、战友会这"三会"形式出现，但最终目的是结成利益集团。 三是定性和处分档次不同。违规组织、参加乡友会行为违反组织纪律，情节严重才给予党纪处分；非组织活动违反政治纪律，处分档次相对较重。
	与违规选拔干部行为的区别	对于非组织活动中的违规选拔干部行为，鉴于违规选拔干部系非组织活动的手段，两者构成牵连关系，可择一重认定。在处分档次相当情况下，可认定为非组织活动，以凸显行为的政治属性。

（资料来源：根据汪建华、许展《非组织活动违纪行为辨析》，《中国纪检监察报》2021年9月29日整理）

［依据参考］

关于严禁结党营私、搞团团伙伙的有关规定要求

《中国共产党章程》

第三条　党员必须履行下列义务：

……

（五）维护党的团结和统一，对党忠诚老实，言行一致，坚决反对一切派别组织和小集团活动，反对阳奉阴违的两面派行为和一切阴谋诡计。

……

《关于新形势下党内政治生活的若干准则》

党员、干部特别是高级干部不准在党内搞小山头、小圈子、小团

伙，严禁在党内拉私人关系、培植个人势力、结成利益集团。对那些投机取巧、拉帮结派、搞团团伙伙的人，要严格防范，依纪依规处理。坚决防止野心家、阴谋家窃取党和国家权力。

《中国共产党党内监督条例》

第二十七条 纪律检查机关必须把维护党的政治纪律和政治规矩放在首位，坚决纠正和查处上有政策、下有对策，有令不行、有禁不止、口是心非、阳奉阴违、搞团团伙伙、拉帮结派、欺骗组织、对抗组织等行为。

《党政领导干部选拔任用工作条例》

第五十九条 选拔任用党政领导干部，必须严格执行本条例的各项规定，并遵守下列纪律：

......

（九）不准在干部选拔任用工作中任人唯亲、排斥异己、封官许愿、拉帮结派、搞团团伙伙，营私舞弊；

......

《中国共产党纪律处分条例》

第四十九条 在党内搞团团伙伙、结党营私、拉帮结派、培植个人势力等非组织活动，或者通过搞利益交换、为自己营造声势等活动捞取政治资本的，给予严重警告或者撤销党内职务处分；导致本地区、本部门、本单位政治生态恶化的，给予留党察看或者开除党籍处分。

第七十四条 党员领导干部违反有关规定组织、参加自发成立的老乡会、校友会、战友会等，情节严重的，给予警告、严重警告或者撤销党内职务处分。

第七十五条 有下列行为之一的，给予警告或者严重警告处分；情节较重的，给予撤销党内职务或者留党察看处分；情节严重的，给予开除党籍处分：

（一）在民主推荐、民主测评、组织考察和党内选举中搞拉票、助选等非组织活动的；

（二）在法律规定的投票、选举活动中违背组织原则搞非组织活动，组织、怂恿、诱使他人投票、表决的；

（三）在选举中进行其他违反党章、其他党内法规和有关章程活动的。

搞有组织的拉票贿选，或者用公款拉票贿选的，从重或者加重处分。

案例解析

结拜"把兄弟"，大搞"一言堂"

某县公安局原政委林某某与个别县领导、科级干部结拜为"兄弟"，每年8月18日定期组织"兄弟"聚会，并在公安局内部培植心腹，拉帮结派，搞"小圈子"和"一言堂"。该县公安局甚至出现了"政委说了算"的现象。因违反政治纪律、廉洁纪律，收受礼金等问题，林某某被给予开除党籍和公职处分，其涉嫌犯罪问题移送司法机关处理。

解析

结拜俗称"拜把子"，指没有血缘关系的人以磕头换帖、同饮血酒、对天盟誓等方式结为兄弟姐妹，是一种带有明显封建色彩的社会交际习俗，以所谓的共同誓言来约束和维护共同利益关系。

党员干部之间当然应该讲团结、讲友谊，但"拜把子"显然超出了正常同志、同事关系。一旦有了这种非正常关系，重大原则就可能敌不过"兄弟情分"，公正大义就可能败给"团伙私利"。事实上，不管是党员干部之间的"磕头结拜"，还是官商之间的"勾肩搭背"，都是为了破坏原则、服务私利。

本案中，林某某与个别县领导、科级干部结拜为"兄弟"，搞"小圈子"和"一言堂"，在县公安局内呼风唤雨，甚至将公安局长架空，所依靠的正是他背后的团伙。拉帮结派虽然一时风光无限，到头来却是"忽喇喇似大厦倾"。综观大大小小的腐败案件，不少都是"窝案"，有的地方甚至整个班子基本全军覆没。其中一个重要原因就是腐败分子们抱团取暖，大家都是"一根绳上的蚂蚱"，一荣俱荣，一损俱损，"兄弟们"自然会互相掩护。

广大政法干警要以林某某为反面教材，进一步认识到"拜把子"等行为给党和人民事业、政法队伍形象，以及自己造成的严重损害，自觉远离各种小山头、小圈子、小团伙，让同志之间的关系真正成为纯净的"君子之交"。

学 习 思 考

1. 两面人有什么具体表现？有哪些危害？

2. 严守政治纪律、政治规矩有什么重要意义？

3. 政法干警如何做到严守政治纪律和政治规矩？

4. 政法干警怎样做到对党绝对忠诚？

5. 当前为什么还会出现结党营私、团团伙伙？如何防范这一现象？

第二讲　强化执行落实，确保令行禁止

　　严禁有令不行、有禁不止。决不允许贯彻执行党中央决策部署不坚决，做选择、搞变通、打折扣，欺上瞒下、弄虚作假，不遵守请示报告制度。

　　　　　　　　　　　　　——《新时代政法干警"十个严禁"》

　　有令则行，动如猛虎；有禁则止，稳如泰山。习近平总书记强调："要防止和克服地方和部门保护主义、本位主义，决不允许'上有政策、下有对策'，决不允许有令不行、有禁不止，决不允许在贯彻执行中央决策部署上打折扣、做选择、搞变通。"①坚决维护党中央权威、保证全党令行禁止，是党和国家前途命运所系，是全国各族人民根本利益所在。"十个严禁"对"严禁有令不行、有禁不止"作出了明确规定。新时代政法干警要牢固树立组织纪律观念，坚决克服组织涣散、纪律松弛问题，坚决杜绝有令不行、有禁不止、各自为政、阳奉阴违，自觉维护党的团结和集中统一。

---

　　① 《习近平谈治国理政》（第一卷），外文出版社 2014 年版，第 386 页。

一、贯彻中央决策，保持政令畅通

"十个严禁"明确要求，"决不允许贯彻执行党中央决策部署不坚决，做选择、搞变通、打折扣"。坚决贯彻落实党中央决策部署，保证党中央政令畅通，是自觉服从党中央领导、坚决维护党中央权威最直接、最具体的体现。这要求广大政法干警对党中央作出的决策部署，必须用踏石留印、抓铁有痕的劲头提高执行的能力和效率，决不允许做选择、搞变通、打折扣，确保党中央政令畅通、全党步调一致。当前，在一些政法干警身上仍存在一些不容忽视的问题，主要包括以下几个方面。

一是搞形式主义。有的干警抓落实的责任意识不强，装模作样走过场，不关心实际效果，结果往往是水过地皮湿，虎头蛇尾、不了了之。某州公安局党委所属党支部部分党员个人学习心得体会只改标题，内容照搬照抄、互相抄袭；个别党员领导干部"学习党的二十大精神"心得体会存在代写情况。民主集中制是党的根本组织原则，但某市检察院原党组书记、检察长娄某某，在检委会上，谁发表了不同看法，他心里就不高兴。再后来，一开会娄某某就先讲话定调子，别的班子成员即使有不同意见也不敢发表，议事规则变为可有可无的"花瓶"摆设。

二是执行不彻底。有的干警在贯彻落实党中央决策部署时"缺斤少两"，合意的就执行、不合意的就不执行，致使一些政策在落实中走形变样，背离了政策制定的初衷，执行效果不理想。2021年11月23日，最高人民法院举行新闻发布会介绍说，部分法院仍然存在自11月底、12月初开始的年底不立案现象，主要表现为搞变通限制立案、以调代立、不立不裁、限号立案、拖延立案、增设立案门槛等，背离立案登记制改革要求。① 年底不立案问题成因复杂，受案多人少、审判执行压力大等客观因素影响，但根源还在于思想认识不到位、制度执行监督不彻底。

三是搞随意变通。党中央的决策部署通常因着眼全局而较为宏观，执行的过程中需要结合实际进一步细化，但不能因此就随意变通。例如，2008 年 2 月发生的李某故意伤害致人轻伤案件，分别退回补充侦查二次、三次延长审查起诉期限、两次向检委会报告，最终从法院撤回起诉后作出存疑不起诉处理，并赔偿李某人身自由损害赔偿金 4 万余元。这样一个案子，经历一系列"合法"的办理过程，至少办成了 7 件案件。随着以"案-件比"为核心的案件质量评价指标体系运行后，"假退查、真延期"的现象得到很大改观。

四是搞阳奉阴违。有的干警表面上称"坚决贯彻""不折不扣"，口号喊得响，实际上"按兵不动"，搞"上有政策、下有对策"那一套，甚至违背党中央精神另搞一套。 2014 年以来，某镇司法所所长陈某长期使用面积超标 20.17 平方米的办公室，在县机关事务中心责令其立即整改后，陈某以先行搬出、后又搬回的方式应付检查、虚假整改。2019 年 3 月，陈某受到党内严重警告处分。陈某总觉得办公室面积超标是不以为然的"小腐败"，对中央八项规定虚假执行、阳奉阴违，最终受到了纪律处分。

习近平总书记指出："党中央权威，全党都必须自觉维护，并具体体现到自己的全部工作中去，决不能表面上喊着同党中央保持一致、实际上没当回事，更不能违背中央大政方针各自为政、自行其是。"② 落实党中央决策部署，一方面，广大政法干警要进一步深刻领悟"两个确立"的决定性意义，自觉践行"两个维护"，在不折不扣、无条件执行

---

① 《最高法：对年底不立案坚决做到"零容忍"》，人民网 2021 年 11 月 23 日。

② 中共中央纪律检查委员会、中共中央文献研究室编：《习近平关于严明党的纪律和规矩论述摘编》，中央文献出版社、中国方正出版社 2016 年版，第 21 页。

上下功夫，思想上特别重视，政治上特别清醒，行动上特别坚决，决不能"上有政策、下有对策"，决不能"有令不行、有禁不止"，决不能抓一半留一半，必须一抓到底、落实落地；另一方面，政法工作条例第9条规定："县级以上地方党委领导本地区政法工作，贯彻落实党中央关于政法工作大政方针，执行党中央以及上级党组织关于政法工作的决定、决策部署、指示等事项。"省市县三级地方党委在本地区发挥总揽全局、协调各方的领导核心作用，在贯彻落实中央决策部署、推动党的奋斗目标实现上居于关键位置。① 广大政法干警要牢固树立服务大局的理念，围绕地方党委中心工作，主动担当作为，充分履职尽责，为经济社会高质量发展保驾护航。

深度把握

贯彻落实党中央决策部署的具体工作方法

抓合力聚力抓	主要领导负总责，分管领导重点抓，主管部门集中抓，相关部门配合抓，干部群众支持抓，上齐下顺、同心同德、聚力合心。
抓思想用情抓	端正干事创业思想，树立正确的政绩观，带着感情为人民群众办实事、解难事。
抓典型示范抓	挖掘最具有说服力和代表性的人和事，达到抓一点带一片的目的。及时抓好典型经验的总结转化，把典型经验变成面上做法。
抓重点重点抓	分清轻重缓急，正确处理一般、重点与重中之重的关系，抓好那些制约、影响、决定全局的主要矛盾和矛盾的主要方面。

① 人民日报评论员：《地方党委工作的基本遵循》，《人民日报》2016年1月5日。

抓具体 具体抓	弄清具体情况、研究具体招法、分析具体变化、解决具体问题，关键是要求具体之真、务具体之实、增具体之效，切实做到任务具体、标准具体、考核具体。
抓反复 反复抓	持之以恒，在落实上下苦功、做硬功，真正把工作推进到位。
抓细节 仔细抓	以精益求精的态度，抓好牵连大事的"小事"和关系全局的"细节"，把小事当成大事来干、小节当作大节来抓，切忌好高骛远，严禁大而化之。
抓难点 克难抓	热点难点问题的攻坚克难是抓落实的核心。对落实中的各种问题反应要敏捷，敢于迎难而上，抓住核心中的突出环节，突破一点、解决一片。
抓超前 超前抓	牢固树立时间观念，时刻把握工作进度，做到心中有数，保证工作目标如期完成、超前完成。
抓制度 规范抓	以制度和机制作保障，从根本上解决不敢抓落实、不想抓落实、不会抓落实的问题，使事有专管之人、人有专管之责、时有限定之期，形成全方位、多层次的督查落实体系。

（资料来源：根据王斌《抓落实的十种方法》，《领导科学》2007 年第 12 期整理）

依据参考

关于坚决贯彻党中央决策部署的有关规定要求

《中国共产党章程》

必须实行正确的集中，牢固树立政治意识、大局意识、核心意识、看齐意识，坚定维护以习近平同志为核心的党中央权威和集中统一领导，保证全党的团结统一和行动一致，保证党的决定得到迅速有效的贯彻执行。

《关于新形势下党内政治生活的若干准则》

对党中央决策部署，任何党组织和任何党员都不准合意的执行、不合意的不执行，不准先斩后奏，更不准口是心非、阳奉阴违。属于部门和地方职权范围内的工作部署，要以贯彻党中央决策部署为前提，发挥积极性、主动性、创造性，但决不允许自行其是、各自为政，决不允许有令不行、有禁不止，决不允许搞上有政策、下有对策。

《中国共产党纪律处分条例》

第四十四条 在重大原则问题上不同党中央保持一致且有实际言论、行为或者造成不良后果的，给予警告或者严重警告处分；情节较重的，给予撤销党内职务或者留党察看处分；情节严重的，给予开除党籍处分。

第五十条 党员领导干部在本人主政的地方或者分管的部门自行其是，搞山头主义，拒不执行党中央确定的大政方针，甚至背着党中央另搞一套的，给予撤销党内职务、留党察看或者开除党籍处分。

落实党中央决策部署不坚决，打折扣、搞变通，在政治上造成不良影响或者严重后果的，给予警告或者严重警告处分；情节严重的，给予撤销党内职务、留党察看或者开除党籍处分。

第一百二十二条 有下列行为之一，造成严重不良影响，对直接责任者和领导责任者，情节较轻的，给予警告或者严重警告处分；情节较重的，给予撤销党内职务或者留党察看处分；情节严重的，给予开除党籍处分：

（一）贯彻党中央决策部署只表态不落实的；

（二）热衷于搞舆论造势、浮在表面的；

（三）单纯以会议贯彻会议、以文件落实文件，在实际工作中不见诸行动的；

（四）工作中有其他形式主义、官僚主义行为的。

《中国共产党政法工作条例》

第三十条第一款 政法单位党组（党委）应当坚决贯彻执行党中央以及上级党组织决定、决策部署、指示等事项，确保工作落实。

《中国共产党组织处理规定（试行）》

第七条 领导干部在政治表现、履行职责、工作作风、遵守组织制度、道德品行等方面，有苗头性、倾向性或者轻微问题，以批评教育、责令检查、诫勉为主，存在以下情形之一且问题严重的，应当受到组织处理：

......

（三）贯彻落实党的基本理论、基本路线、基本方略和党中央决策部署不力，做选择、打折扣、搞变通，造成不良影响或者严重后果的；

......

案例解析

借公务差旅之机旅游，在单位报销各项费用

2018 年 3 月 26 日，某县人民法院副院长范某某等 5 名县人民法院工作人员，以及县人民检察院副检察长赵某某等 2 名县人民检察院工作人员，前往外地监狱开庭审理一起交通肇事罪、窝藏罪案件。29 日上午，当 7 人公务结束后，有人提议第二天预留半天时间，到当地景区游玩。次日一早，7 人擅自改变行程前往景区游玩。范某某等同行 5 名县法院工作人员将 3 月 30 日产生的差旅费，包括住宿费、伙食补贴、交通补贴等在内共计 2500 元，在单位予以报销；赵某某等 2 人同样在县检察院报销了 3 月 30 日产生的差旅费每人 510 元，共计 1020 元。2019 年 8 月、9 月，当事人分别受到党内警告、党内严重警告、诫勉谈话等处理，并退缴违纪所得。

解 析

随着落实中央八项规定精神和纠正"四风"工作的不断深入，公款旅游问题明显减少，但仍有个别政法干警心存侥幸，借公务差旅之机旅游或以公务差旅为名变相旅游。中央多次强调，不仅要继续紧盯享乐主义和奢靡之风，还要密切关注隐形变异等"四风"问题的新动向新表现。

纪律处分条例第105条规定，公款旅游或者以学习培训、考察调研、职工疗养等为名变相公款旅游的；改变公务行程，借机旅游的；参加所管理企业、下属单位组织的考察活动，借机旅游的；以考察、学习、培训、研讨、招商、参展等名义变相用公款出国（境）旅游的，对直接责任者和领导责任者，情节较轻的，给予警告或者严重警告处分；情节较重的，给予撤销党内职务或者留党察看处分；情节严重的，给予开除党籍处分。本案中，相关责任人在明知公务结束、第二天有班机返程的情况下，未及时返回，而是延迟一天，且报销滞留期间的相关费用，是典型的借公务差旅之机旅游问题，其行为暴露出当事人纪律意识淡漠，贪图奢靡享乐，违反了党的廉洁纪律，必然受到纪律处分。

借公务差旅之机旅游或者以公务差旅为名变相旅游，并由公款支付差旅费用，实际上是个别政法干警利用职权用公款支付应由个人负担的费用，是对公共财产的挥霍和侵占。这种公私不分，明明是私人活动却由公家买单的行为，是对权力的滥用，是对制度的冒犯，对违反规定者要严格问责，严肃追究纪律责任。公权姓公不姓私，一丝一毫不能滥用。广大政法干警要时刻警醒，一定要分清公与私，切莫贪图公家便宜，滥用权力，钻制度的空子。

二、坚持实事求是，反对弄虚作假

邓小平同志指出："我们党的优良作风之一就是实事求是，这是马克思主义最起码的原则。"① 习近平总书记在 2021 年秋季学期中央党校（国家行政学院）中青年干部培训班开班式上指出："坚持从实际出发、实事求是，不只是思想方法问题，也是党性强不强问题。从当前干部队伍实际看，坚持实事求是最需要解决的是党性问题。干部是不是实事求是可以从很多方面来看，最根本的要看是不是讲真话、讲实话，是不是干实事、求实效。"② 随着全面从严管党治警向纵深推进，广大政法干警普遍强化纪律意识，讲实话、出实招、办实事、务实效，但依然有少数人抱有侥幸心理，欺上瞒下、弄虚作假。这些干警纪律观念淡薄，总喜欢在个人得失上踯躅徘徊。久而久之，弄虚作假的工作作风便在患得患失间养成了，甚至化为一种根深蒂固的"工作方法"。"十个严禁"对这种欺上瞒下、弄虚作假行为作出了禁止性规定。新时代政法干警要自觉把对党忠诚谨记于心、付诸行动，说老实话、办老实事、做老实人，以实干担当践行初心使命。

从各地通报的案例来看，欺上瞒下、弄虚作假的初衷主要有以下三大类。

一是谋取个人政治前途。有的干警为捞取利益、规避监督审查，而对组织隐瞒实情乃至弄虚作假；有的为求升迁，篡改、伪造个人档案资料；有的谎报、瞒报个人有关事项，隐藏自身问题。某派出所教导员姜某某先后 4 次更改出生日期，最终将出生日期更改为 1963 年 10 月 15 日，受到撤销党内职务和行政降级处分。

---

① 《邓小平会见罗马尼亚驻华大使格夫里列斯库时的谈话》（1978 年 6 月 23 日），《邓小平年谱（1975—1997）》（上），中央文献出版社 2004 年版，第 329 页。

② 习近平：《努力成为可堪大用能担重任的栋梁之才》，《求是》2022 年第 3 期。

二是谋取非法经济利益。少数政法干警在金钱的诱惑下，编造虚假案情，制造冤假错案。如某县公安局原法医张某某与该县人民医院医生黄某某互相勾结，收受当事人贿赂 30 多万元，采用针刺鼓膜的办法，炮制虚假伤情鉴定，"纸中谋财、财令纸变"，一纸鉴定书使 20 多起轻微伤案件变为轻伤案件，致多人遭受无辜羁押，其中 11 名受害人在失去人身自由的情况下，为了能取保候审或判处缓刑，被迫支付 50 多万元赔偿金与诬告陷害者和解，如村民严某某被羁押 10 天，在被迫赔偿 13 万元后才重获自由。

三是追求虚假政绩。一些干警特别是领导干部片面追求急功近利的虚假政绩，有的违背科学规律，盲目铺摊子、上项目；有的政法干部违反党纪国法，把虚报数字、虚假材料作为邀功请赏的筹码，吹一当十、吹小变大、吹点成面；等等。某地在全国全省满意度调查中，对于明确回答"满意""安全"的民众凭录音可得 100 元至 300 元奖励。针对这一问题，当地责令相关党组织作出深刻检查，对市委常委、政法委书记刘某某、县委常委、政法委书记王某某，市委政法委综治科科长马某某等 6 名党员领导干部严肃问责。这暴露出相关领导干部政绩观偏差，推动平安建设不在实干上下功夫，却在"数据好看"上弄虚作假，错误严重，教训深刻。

四是掩盖工作失职。有的干警平时工作敷衍应付、无所作为，为了应对上级检查，忙于做台账、写汇报，对成绩极力渲染、浓墨重彩，对问题和难点却轻描淡写、讳莫如深，怕被上级批评甚至受到组织处分。某市公安局警务督察支队日常监督发现，下辖某派出所民警陈某某未按照工作部署认真履行重点人员管控职责。2019 年 4 月 25 日 18 时至 19 时集中在工作平台录入 60 名精神障碍患者走访记录，走访信息一致，文字内容简单复制粘贴，且不能提供纸质走访记录和现场走访照片，弄虚作假应对工作部署和上级监督。2019 年 5 月，陈某某受到诫勉谈话处理。习近平总书记指出："坚持从实际出发、实事求是，不只是思想方法问题，也是党性强不强问题。"① 从本质上看，弄虚作假就是违反政治纪律，就是作风不正、党性不纯。广大政法干警要不断提高政治站位，增强政治定力，自觉与形式主义、官僚主义等不正之风作斗争，做到讲实话、干实事，敢作为、勇担当，言必信、行必果。一方面，调查研究是谋事之基、成事之道，广大政法干警要眼睛向下、脚步向下，始终坚持和不断加强调查研究，扑下身子真正把情况摸实摸透，真正做到一切从实际出发、理论联系实际；另一方面，政法工作直接关系党和国家工作大局，关系党和国家长治久安，关系广大人民群众切身利益，广大政法干警要坚持真抓实干、埋头苦干的工作作风，履行好维护国家政治安全、确保社会大局稳定、促进社会公平正义、保障人民安居乐业四大职责任务，以实实在在的工作业绩增强人民群众获得感、幸福感、安全感。

深度把握

不如实向上级报告工作事项或者指使下级说假话行为如何承担责任

含义	不如实向上级报告工作事项或者指使下级说假话行为，是指在上级检查、视察工作或者向上级汇报、报告工作时对应当报告的事项不报告或者不如实报告，或者在上级检查、视察工作或者向上级汇报、报告工作时纵容、唆使、暗示、强迫下级说假话、报假情，依照规定应当受到党纪处分的行为。
主观方面	主观方面为故意，即党员或者党组织明明掌握有关情况而隐瞒不报，或者明知道提供的情况、材料、数据不实而予以提供，目的是为了掩饰发生的问题、粉饰太平，隐瞒真实情况或者为了谋取上级的肯定和赞许。

---

① 习近平：《努力成为可堪大用能担重任的栋梁之才》，《求是》2022 年第 3 期。

续表

责任承担	直接责任	直接责任，是指不报告或不如实向上级报告应当报告的工作事项的决定者、组织者和实施者。
	领导责任	领导责任，是指对不报告或不如实向上级报告工作事项负有领导责任的党员领导干部。对于以集体会议研究决定的方式不报告或不如实向上级报告工作事项的，参与集体决策者都属于直接责任者，领导责任者属于对决策人员负有领导责任的人员。在决策过程中明确表明反对意见的人不受追究。

（资料来源：根据《中国共产党纪律处分条例》，中央纪委国家监委网站整理）

依据参考

关于严禁欺上瞒下、弄虚作假的有关规定要求

《关于新形势下党内政治生活的若干准则》

党的各级组织和全体党员必须对党忠诚老实、光明磊落，说老实话、办老实事、做老实人，如实向党反映和报告情况，反对搞两面派、做"两面人"，反对弄虚作假、虚报浮夸，反对隐瞒实情、报喜不报忧。领导机关和领导干部不准以任何理由和名义纵容、唆使、暗示或强迫下级说假话。凡因弄虚作假、隐瞒实情给党和人民事业造成重大损失的，凡因弄虚作假、隐瞒实情骗取荣誉、地位、奖励或其他利益的，凡因纵容、唆使、暗示或强迫下级弄虚作假、隐瞒实情的，都要依纪依规严肃问责追责。对坚持原则、敢于说真话的同志，要给予支持、保护、鼓励。

《中国共产党纪律处分条例》

第七十七条　在干部、职工的录用、考核、职务晋升、职称评定和征兵、安置复转军人等工作中，隐瞒、歪曲事实真相，或者利用职权或者职务上的影响违反有关规定为本人或者其他人谋取利益的，给予警告

— 41 —

或者严重警告处分；情节较重的，给予撤销党内职务或者留党察看处分；情节严重的，给予开除党籍处分。

弄虚作假，骗取职务、职级、职称、待遇、资格、学历、学位、荣誉或者其他利益的，依照前款规定处理。

第八十条 违反党章和其他党内法规的规定，采取弄虚作假或者其他手段把不符合党员条件的人发展为党员，或者为非党员出具党员身份证明的，对直接责任者和领导责任者，给予警告或者严重警告处分；情节严重的，给予撤销党内职务处分。

违反有关规定程序发展党员的，对直接责任者和领导责任者，依照前款规定处理。

第一百一十六条 有下列行为之一，对直接责任者和领导责任者，情节较重的，给予警告或者严重警告处分；情节严重的，给予撤销党内职务或者留党察看处分：

……

（四）弄虚作假，欺上瞒下，损害群众利益的；

……

第一百二十五条 在上级检查、视察工作或者向上级汇报、报告工作时对应当报告的事项不报告或者不如实报告，造成严重损害或者严重不良影响的，对直接责任者和领导责任者，给予警告或者严重警告处分；情节严重的，给予撤销党内职务或者留党察看处分。

在上级检查、视察工作或者向上级汇报、报告工作时纵容、唆使、暗示、强迫下级说假话、报假情的，从重或者加重处分。

《中国共产党问责条例》

第十九条 有下列情形之一，应当从重或者加重问责：

（一）对党中央、上级党组织三令五申的指示要求，不执行或者执行不力的；

（二）在接受问责调查和处理中，不如实报告情况，敷衍塞责、推卸责任，或者唆使、默许有关部门和人员弄虚作假，阻扰问责工作的；

（三）党内法规规定的其他从重、加重情形。

案例解析

执行法官虚假结案被处分

2016 年，某市某区人民法院一级法官尹某在担任执行法官期间，为提高个人办理案件的执行结案和解终结率，擅自将没有实际执行完毕的 2 起买卖合同纠纷案件，在法院办案系统中予以结案，安排其书记员伪造执行笔录并签字，随后将纸质案卷装卷归档。直至 2020 年，申请执行人向该区人民检察院提出"请求催促执行"的监督申请，在诉讼监督中发现该执行案存在造假结案情况。2020 年 8 月，某市某区人民法院对上述 2 起执行案件恢复执行。尹某在工作中弄虚作假，侵害案件当事人合法权益，构成职务违法。2021 年 9 月，尹某受到政务警告处分。

解析

近年来，全国法院系统以时不我待、只争朝夕的精神和求真务实、苦干实干的作风，建立"总对总""点对点"网络查控系统，加快建设联合惩戒体系，提高失信被执行人的违法成本，加大执行程序的公开力度，这些工作有力维护了群众权益，捍卫了司法权威，为打赢"基本解决执行难"攻坚战并持续巩固提升成果打下了坚实的基础。

但在本案中，为提高个人办理案件的执行结案和解终结率，尹某竟然虚假报结执行案件。在申请执行人到检察院提出"请求催促执行"的监督申请时，才得以在诉讼监督中发现该执行案存在造假结案的情况。在这耽搁的 4 年时间里，执行法官既不说明案件已违法报结的实际情况，也不积极采取措施维护当事人的权益，严重侵害了申请执行人的权益。习近平总书记指出："做人要实，就是要对党、对组织、对人民、对同志忠诚老实，做老实人、说老实话、干老实事，襟怀坦白，公道正派。"① 能否在工作中做到实事求是，检验着政法干警是否做到政治坚定。广大政法干警一定要从思想根源入手，补足精神之"钙"，转变工作作风，树立实事求是的业绩观，坚决反对和抵制弄虚作假、虚报浮夸，不搞"数字政绩""虚假政绩"。要将眼光放远，把心思精力和工作重点放在办好案、办精品案上，做到真真正正给群众办实事。

三、规范请示报告，维护团结统一

习近平总书记强调："请示报告制度是我们党的一项重要制度，是执行党的民主集中制的有效工作机制，也是组织纪律的一个重要方面。"② 政法工作条例用专章对政法领域重大事项请示报告工作作出进一步规定，"十个严禁"也对此提出明确要求。作为新时代政法干警，既要把该尽的职责履行好、该挑的担子挑起来，不能忘了守土有责、守土尽责，敢于担当、敢于负责，又要在涉及重大问题、重要事项时按规定向组织请示报告，这是必须遵守的规矩，也是检验一名干警合不合格的试金石。请示报告制度看似比较具体，但绝不是小事一桩。从近年来查处的一些违纪违法典型案例中可以看出，有的政法干警在执行请示报告制度方面还存在一些突出问题，意识不强、内容把握不准、程序方式不规范。这里，我们要理清弄懂以下四个方面。

一是把准请示报告的政治性。有的干警对请示报告的内容把握不准，认为某项工作看似"无关紧要""不影响大局"，向上级党组织报告就是"添麻烦"，但最后却因为这一"判断失误"导致遇到重大问题。 2017 年 4 月，某市森林公安局局长高某某接到某大学培训中心

---

① 《习近平谈治国理政》（第一卷），外文出版社 2014 年版，第 381、382 页。
② 中共中央文献研究室编：《十八大以来重要文献选编》（上），中央文献出版社 2014 年版，第 767 页。

举办森林公安机关业务骨干培训班的通知后，未经市森林公安局班子集体研究，也未书面请示征得行政主管部门、业务主管部门的同意，自行决定组织全市森林公安领导干部和业务骨干分两批共40人参加培训，而且其间出现违纪违规行为。2018年4月12日，市纪委给予高某某党内严重警告处分，并责令市森林公安局对高某某等人违规报销的费用予以追缴。

二是提高请示报告的自觉性。有的干警目无组织，干了什么、人跑到哪里去了，组织上都不知道，泥牛入海无消息。2020年1月31日早上，某派出所接到电话指示，要求立即派遣当班负责人带领民警前往某砖厂，核实与新冠肺炎发病者的密切接触人员，并在现场等待相关部门人员到场。接到指令后，所长立即指派当班负责人白某带领民警王某前去开展工作，白某到达现场后，未严格按指令开展工作，并于上午9时38分许，在没有向任何领导请示的情况下，擅自离开砖厂。白某身为一名人民警察，在防范新冠疫情工作的关键时期，不经请示，擅离职守，受到党内警告处分。

三是增强请示报告的准确性。有的干警在报告个人有关事项方面，瞒报、漏报、错报，搞"模糊数学"和"选择性报告"。2016年4月，某镇司法所所长崔某某向单位申报5月28日为儿子举办婚礼，设宴30桌，并遵守相关规定。但崔某某实际操办3天共设宴51桌。2016年7月，崔某某受到党内警告处分。

四是注意请示报告的时效性。重程序是讲政治的具体表现。有的政法干警特别是领导干部程序观念淡薄，在作出重大决策、处理重要问题时，只报告结果不报告过程，搞先斩后奏、边斩边奏，甚至斩而不奏。政法工作高度敏感，必须把规矩进一步明确起来，加强重大事项请示报告的时效性。针对有的法院院庭长对依法履责顾虑多、动力少，方法不足等问题，2021年11月最高人民法院印发《关于进一步完善"四类案件"监督管理工作机制的指导意见》，其中规定对于重大、疑难、复杂、敏感的；涉及群体性纠纷等"四类案件"，院庭长应当按照职务权限要求合议庭报告案件进展、评议结果，绝不允许审判组织"先斩后奏"，不能让事中监督缺失、事后监督失效。

深度把握

如何准确把握党员、领导干部请示报告的内容

主体	请示	报告
党员	（1）从事党组织所分配的工作中的重要问题； （2）代表党组织发表主张或者作出决定； （3）按照规定需要请示的涉外工作交往活动； （4）转移党的组织关系； （5）其他应当向党组织请示的事项。	（1）贯彻执行党组织决议以及完成党组织交办工作任务情况； （2）对党的工作和领导干部提出的意见建议； （3）发现党员、领导干部违纪违法线索情况； （4）流动外出情况； （5）其他应当向党组织报告的事项。
领导干部	（1）超出自身职权范围，应当由所在党组织或者上级党组织作出决定的重大事项； （2）属于自身职权范围但事关重大的问题和情况；	（1）学习贯彻习近平新时代中国特色社会主义思想，贯彻落实党中央决策部署和党组织决定中的重要情况和问题； （2）遵守政治纪律和政治规矩，坚决维护习近平总书记党中央的核心、全党的核心地位，坚决维护党中央权威和集中统一领导情况；

主体	请示	报告
领导干部	（3）代表党组织对外发表重要意见； （4）因故无法履职或者离开工作所在地； （5）其他应当向党组织请示的事项。	（3）坚持民主集中制，发扬党内民主，正确行使权力，参与集体领导情况； （4）参加领导班子民主生活会和所在党支部（党小组）组织生活会情况； （5）履行管党治党责任，加强党风廉政建设和反腐败工作，以及遵守廉洁纪律情况； （6）重大决策失误或者应对突发事件处置失当，纪检监察、巡视巡察和审计中发现重要问题，以及违纪违法情况； （7）可能影响正常履职的重大疾病等情况； （8）其他应当向党组织报告的事项。

（资料来源：根据《中国共产党重大事项请示报告条例》整理）

依据参考

关于严禁结党营私、搞团团伙伙的有关规定要求

《中国共产党重大事项请示报告条例》

第三十四条　党员一般应当向所在党组织请示报告重大事项。领导干部一般应当向所属党组织请示报告重要工作。

党员、领导干部向党组织请示报告个人有关事项，按照有关规定执行。

47

《中国共产党纪律处分条例》

第七十三条第一款 有下列行为之一，情节较重的，给予警告或者严重警告处分：

（一）违反个人有关事项报告规定，隐瞒不报的；

（二）在组织进行谈话、函询时，不如实向组织说明问题的；

（三）不按要求报告或者不如实报告个人去向的；

（四）不如实填报个人档案资料的。

《中国共产党政法工作条例》

第二十二条 县级以上地方党委政法委员会、政法单位党组（党委）每年应当向同级党委报告全面工作情况，遇有重要情况及时请示报告。

地方党委政法委员会参照上一级党委政法委员会有关规定，确定同级政法单位党组（党委）、下级党委政法委员会请示报告重大事项范围、内容和程序等。

《领导干部个人有关事项报告查核结果处理办法》

第三条 查核结果与领导干部当年年度集中报告的个人有关事项内容不一致，有下列情形之一的，一般认定为漏报行为：

（一）未报告本人持有往来港澳通行证、因私持有大陆居民往来台湾通行证或者因私往来港澳、台湾情况的；

（二）少报告房产面积或者未报告车库、车位、储藏间的；

（三）少报告持有股票、基金、投资型保险金额等情况的；

（四）少报告投资非上市股份有限公司、有限责任公司或者注册个体工商户、个体独资企业、合伙企业的投资金额等情况的；

（五）存在其他漏报情形的。

第四条 查核结果与领导干部当年年度集中报告的个人有关事项内容不一致，有下列情形之一的，一般认定为隐瞒不报行为：

（一）未报告本人婚姻情况的；

（二）未报告本人持有普通护照或者因私出国情况的；

（三）未报告子女与外国人、无国籍人，或者与港澳、台湾居民通婚情况的；

（四）未报告配偶、子女移居国（境）外或者虽未移居国（境）外但连续在国（境）外工作、生活一年以上情况的；

（五）未报告配偶、子女及其配偶从业情况的；

（六）未报告配偶、子女及其配偶被司法机关追究刑事责任情况的；

（七）未报告房产1套以上（不含车库、车位、储藏间）的；

（八）未报告持有股票、基金、投资型保险等情况的；

（九）未报告投资非上市股份有限公司、有限责任公司或者注册个体工商户、个人独资企业、合伙企业等1家以上的；

（十）存在其他隐瞒不报情形的。

案例解析

拒不配合申报，隐瞒大量房产

朱某某1982年转业进入法院系统，2007年任某市某区人民法院民三庭庭长。在2014年度个人有关事项申报材料中，朱某某在"本人、配偶、共同生活的子女名下商品房情况"、"本人、配偶、共同生活的子女名下车位、商铺情况"和"本人、配偶、共同生活的子女名下自建房情况"栏目中均没有填写任何内容。实际情况是，朱某某染指中介，谋求个人私利，向组织瞒报了大量房产。同时，朱某某涉嫌其他违法犯罪行为，最终被开除党籍，移送司法机关处理。

解析

如实向党组织报告个人有关事项，是政法干警特别是领导干部必须遵守的组织纪律，是检验其对党组织是否忠诚老实的重要标志。根据《领导干部报告个人有关事项规定》，领导干部应当每年集中报告一次上一年度本人婚姻和配偶、子女移居国（境）外、从业、收入、房产、投资等事项。

然而，一些干警敷衍应付、逃避监督、漏报瞒报，把重要资产"忘在脑后"，出国出境"来去如风"，投资证券股票"你知我知"的情形依然存在。作为法官，本应立足本职，守护公平正义，但朱某某却不务正业，逐利而行，想方设法"赚外快""捞好处"，并向组织隐瞒不报，最终付出沉重代价。

实际上，处心积虑遮遮掩掩只是徒劳，盲目侥幸更救赎不了自己。个人有关事项再怎么隐瞒，都会留下蛛丝马迹，也是枉费心机。就像有的党员干部在落马后所言："大数据时代有先进的科技手段，你犯罪的痕迹是永远抹不掉的，组织上对这一切洞若观火，非常清晰。所以你想耍小聪明，做聪明反被聪明误的蠢事，其实就是掩耳盗铃。"①

广大政法干警要提高认识、端正态度，如实准确地填报所要求的每一项内容，做到一项不漏、一项不少，不随意也不任性，既不"拔高注水"，也不"缺斤短两"。在年度个人有关事项填报前，应做足"思想功课"，认真学习政策纪律；同时做足"数据功课"，仔细核对材料单据，尤其对那些一知半解、有点印象但记不清楚的投资情形要核查清楚。

学 习 思 考

1. 目前，一些政法干警在落实党中央决策部署中存在哪些问题？
2. 结合工作实际，谈一谈如何把党中央决策部署落到实处？
3. 一些政法干警欺上瞒下、弄虚作假有哪些表现？
4. 政法干警在工作中怎样才能做到实事求是？
5. 政法干警应该怎样落实请示报告制度？

---

① 李云舒：《检验领导干部对党是否忠诚老实的试金石》，《中国纪检监察报》2022年2月14日。

第三讲　坚定理想信念，抵制错误思潮

> 严禁放任错误思潮侵蚀影响。决不允许在大是大非问题上认识模糊、立场摇摆，对西方"宪政""三权鼎力""司法独立"等态度暧昧、不敢发声亮剑。
>
> ——《新时代政法干警"十个严禁"》

近年来，习近平总书记多次强调开展伟大斗争的紧迫性和重要性，同错误思潮的斗争是新时代伟大斗争的重要组成部分。开展伟大斗争，就是强调要行动起来，用实际行动战胜错误思潮，在治理错误思潮问题上，一切事不关己、无所用心的态度和行为都是十分错误的。因此，"十个严禁"明确规定，"严禁放任错误思潮侵蚀影响。"习近平总书记强调："理想信念是中国共产党人的精神支柱和政治灵魂，也是保持党的团结统一的思想基础。理想信念就是共产党人精神上的'钙'，没有理想信念，理想信念不坚定，精神上就会'缺钙'，就会得'软骨病'。"[①]信仰信念任何时候都至关重要。对共产主义的信仰，对中国特色社会主义的信念，是共产党人的政治灵魂，是共产党人经受住任何考验的精神支柱。新时代政法干警要坚定理想信念，加强理论武装，在提倡什么、反对什么上旗帜鲜明，在大是大非问题上敢于发声，在思想交锋中敢于亮剑，坚决维护政法领域意识形态安全。

---

① 习近平：《坚定理想信念　补足精神之钙》，《求是》2021 年第 21 期。

一、认清大是大非，站稳政治立场

"十个严禁"明确规定，"决不允许在大是大非问题上认识模糊、立场摇摆"。大是大非问题，是事关国家、政党、社会发展根本方向和前途命运的带有原则性、根本性、全局性、战略性、长远性的重大是非对错的问题。在当代中国，最根本的大是大非问题是什么？概括地讲，就是在中国共产党的领导下，坚持和发展中国特色社会主义。不论怎么改革、怎么开放，都始终坚持中国特色社会主义道路、理论、制度、文化，全面贯彻党的基本理论、基本路线、基本方略。新时代政法干警要筑牢政治忠诚，心怀"国之大者"，用一双政治慧眼练就过硬的政治敏锐性和鉴别力，做到在大是大非面前态度鲜明、立场坚定，不能动摇基本政治立场，不能被错误言论所左右。

在当代中国，只有弄明白了旗帜、道路、路线这样的大是大非问题，才能在面对当代中国的其他一些是非问题，诸如割裂共产主义远大理想与社会主义初级阶段、党性与人民性、全面依法治国中的党与法等辩证统一关系的噪音杂音和奇谈怪论，就有了作出是非判断的基本准绳。如果符合中国特色社会主义这一方向、有利于坚持和发展中国特色社会主义，就是"是"；反之就是"非"。正是从这个意义上说，坚持和发展中国特色社会主义，就是当代中国最根本的大是大非问题。

坚持和发展中国特色社会主义，必然要坚持党的领导。2014年1月7日，习近平总书记在中央政法工作会议上指出："我们强调坚持党的领导、人民当家作主、依法治国有机统一，最根本的是坚持党的领导。"① 党的领导和社会主义法治是一致的，只有坚持党的领导，人民当家作主才能充分实现，国家和社会生活制度化、法治化才能有序推进。因此，坚持党对政法工作的绝对领导，深刻领悟"两个确立"的决定性意义，增强"四个意识"、坚定"四个自信"、做到"两个维护"，永葆政法队伍忠诚纯洁可靠本色。习近平总书记强调："在大是大非问题上，要有正确立场和鲜明态度，敢于站出来说话，敢于表明自己的态度。"② 广大政法干警要炼就"火眼金睛"，用政治的眼光看问题，拨开迷雾、辨别是非，切实提高政治判断力、政治领悟力、政治执行力。特别是在形势越严峻复杂、任务越艰巨繁重的时候，越是要勇于担当、敢于斗争，面对重大政治考验，必须旗帜鲜明、挺身而出，绝不能当"骑墙派"；面对歪风邪气，必须敢于亮剑、坚决斗争，绝不能听之任之；面对急难险重任务，必须豁得出来、顶得上去，绝不能畏缩不前。

在实际生活中，有的干警存在一种错误认识，"吃吃喝喝不是个事儿""不就是吃顿饭吗"。其实不然，小事小节事关大是大非。不少政法干警的腐化堕落就是从一顿饭等小事小节开始的，一些小事小节恰恰体现其党性原则和党纪意识。群众对政法干警的评价，也直观反映在日常工作和生活中的细小言行上。其实，从不注重小事小节到违反大是大非原则的距离并不远，理想信念一旦动摇，视纪律和规矩为无物，违法乱纪、贪污腐败就是必然。因此，在大是大非面前明辨黑白、坚定立场、勇于亮剑，绝非是空洞的口号与概念，要贯穿于政法干警的日常工作生活中，体现在政法干警的一言一行上。

---

① 中共中央文献研究室编：《习近平关于全面依法治国论述摘编》，中央文献出版社2015年版，第19页。

② 《习近平谈治国理政》（第二卷），外文出版社2017年版，第148页。

深度把握

怎样理解党员、干部特别是高级干部在
大是大非面前"三个不能"

"三个不能"的内容	不能态度暧昧	态度要鲜明准确，要亮明旗帜，支持什么、反对什么理直气壮地说、光明正大地做，不能当"好好先生""开明绅士"，不能含糊其辞、语焉不详、不明所以。
	不能动摇基本政治立场	坚持马克思主义的立场、观点和方法，坚持以人民为中心、全心全意为人民服务的根本立场，说话做事前要首先弄清楚站在什么样的立场上和什么人的立场上，代表和为了谁的利益，手中的权力是谁赋予的、执政基础是谁。
	不能被错误言论所左右	增强政治定力、政治敏感度和政治鉴别力，炼就"火眼金睛"，不仅能拨开迷雾、辨别是非，还要敢于亮剑，勇于善于同错误言行坚决斗争。
"三个不能"的影响因素	理想信念	要增强政治定力、坚定基本政治立场，就不能在理想信念上动摇滑坡，就不能在大是大非上态度暧昧，必须通过学习，不忘初心，不悖誓言，不断地坚定自己的理想信念，不断地追求理想信念的新境界。
	严守纪律	不断强化纪律意识和纪律观念，用纪律来约束自己、规范自己，保证在任何情况下，都能做到不越底线，不触高压线，保持共产党员应有的政治本色。
	站高望远	思想和心灵的站高望远，来自对马克思主义世界观和方法论的学习，来自对党的事业和国家前途的深切关怀，来自对世情、国情、党情的透彻把握。
	使命担当	使命担当是锤炼政治定力的途径。只有在履行使命、敢于担当的伟大实践中不断锤炼自己，才能不断增强政治定力、站稳政治立场。

（资料来源：根据《怎样理解党员、干部特别是高级干部在大是大非面前不能态度暧昧，不能动摇基本政治立场，不能被错误言论所左右》，新华网 2016 年 11 月 26 日整理）

依据参考

关于严禁在大是大非问题上认识模糊、
立场摇摆的有关规定要求

《关于新形势下党内政治生活的若干准则》

考察识别干部特别是高级干部必须首先看是否坚定不移贯彻党的基本路线。党员、干部特别是高级干部在大是大非面前不能态度暧昧，不能动摇基本政治立场，不能被错误言论所左右。当人民利益受到损害、党和国家形象受到破坏、党的执政地位受到威胁时，要挺身而出、亮明态度，主动坚决开展斗争。对在大是大非问题上没有立场、没有态度、无动于衷、置身事外，在错误言行面前不抵制、不斗争，明哲保身、当老好人等政治不合格的坚决不用，已在领导岗位的要坚决调整，情节严重的要严肃处理。

《中共中央关于加强党的政治建设的意见》

要在大是大非面前态度鲜明、立场坚定，始终在政治立场、政治方向、政治原则、政治道路上同以习近平同志为核心的党中央保持高度一致。

要增强斗争精神，强化政治担当，敢于亮剑、善于斗争，发现违反政治纪律、危害政治安全的行为坚决抵制，做勇于斗争的"战士"，不做爱惜羽毛的"绅士"，严防对挑战政治底线的错误言论和不良风气听之任之、逃避责任、失职失察。

要把坚决做到"两个维护"作为首要政治纪律，在全党持续深入开展忠诚教育，开展"守纪律、讲规矩"模范机关创建和先进个人评选活动，教育督促党员干部始终对党忠诚老实，决不允许在重大政治原则问题上、大是大非问题上同党中央唱反调，搞自由主义。

《中国共产党组织处理规定（试行）》

第七条 领导干部在政治表现、履行职责、工作作风、遵守组织制度、道德品行等方面，有苗头性、倾向性或者轻微问题，以批评教育、责令检查、诫勉为主，存在以下情形之一且问题严重的，应当受到组织处理：

......

（四）面对大是大非问题、重大矛盾冲突、危机困难，不敢斗争、不愿担当，造成不良影响或者严重后果的；

......

案例解析

履行主体责任不力，受到党内警告处分

2015年3月以来，某市公安局交警支队车辆管理所相继有民警和协警40余人因违纪违法问题被立案查处，其中，车管所所长张某某、副所长樊某某等12人被移送司法机关处理。对此，时任市交警支队党委书记、支队长梁某某，时任交警支队党委委员、副支队长吴某某，履行主体责任不力，负有主要领导责任；时任交警支队党委副书记、纪委书记、政委周某某履行监督责任不力，负有重要领导责任。2016年2月，梁某某、周某某、吴某某分别受到党内警告处分。

解析

全面从严治党永远在路上，党风廉政建设和反腐败斗争只有进行时。按照党的十八届六中全会关于全面从严治党的部署与要求，要把落实"两个责任"作为全面从严治党的重要举措，牢固树立不管党治党就

是严重失职的观念，把党的领导体现到日常管理监督之中。

各级党委（党组）书记作为管党治党第一责任人，是"关键少数"中的"关键少数"，必须真管真严、敢管敢严、长管长严，注重日常、抓早抓小、防微杜渐，推动落实全面从严治党主体责任，体现组织严格要求和关心爱护，决不能坐看自己的同志在错误的道路上越滑越远。各级纪检监察机关要找准在全面从严治党中的职责定位，坚持有责必问、问责必严，运用好监督执纪"四种形态"，推动全面从严治党监督责任落到实处。

对照这一要求，本案中，时任市交警支队党委书记、支队长梁某某，交警支队党委委员、副支队长吴某某履行主体责任不力，时任交警支队党委副书记、纪委书记、政委周某某履行监督责任不力，对于民警协警苗头性违纪问题没有及时发现，也没有做到"真刀真枪"问责，把该打的板子打下去，导致40余人因违纪违法问题被立案查处，其中12人被移送司法机关处理。

从表面上看，这是执纪不严、纪律松懈的问题，但实质上是在大是大非问题上认识模糊、立场摇摆。发生在民警协警身上的违纪违法行为背离党的宗旨原则，如果任其蔓延，必将对党和人民的事业造成严重损害。广大政法干警在这样的大是大非问题上态度坚决、立场坚定，就是要抛弃"明知不对，少说为佳"的"好好先生""开明绅士"态度，面对歪风邪气敢于坚决斗争，坚决捍卫党纪党规的严肃性。

二、澄清思想误区，勇于发声亮剑

党的二十大报告指出，"我们要坚持走中国特色社会主义法治道路，建设中国特色社会主义法治体系、建设社会主义法治国家"。坚持中国特色社会主义法治道路，这是事关道路与方向的根本问题。习近平总书记强调："我们要坚持的中国特色社会主义法治道路，本质上是中国特色社会主义道路在法治领域的具体体现。"① 一些人鼓吹"宪政"
"三权分立""司法独立"等，实际上是要借这个名头，抹黑我们的党、
我们的社会主义制度、我们的意识形态、我们的文化传统。"十个严
禁"对此明确规定，决不允许对这些错误思潮态度暧昧、不敢发声亮
剑。新时代政法干警要牢牢坚持马克思主义在意识形态领域的指导地位
不动摇，坚定"四个自信"，坚决与"三权分立""司法独立"等西方错
误思潮划清界限，坚决同否定中国共产党领导、诋毁中国特色社会主义
法治道路和司法制度的错误言行作斗争，坚定不移走中国特色社会主义
法治道路。

　　中国特色社会主义法治道路的核心要义有三项：坚持中国共产党的
领导，坚持中国特色社会主义制度，践行中国特色社会主义法治理论。
这三方面规定和保证了中国特色社会主义法治体系的制度属性和前进方
向。只有沿着这条道路前行，既不罔顾国情、超越阶段，也不因循守
旧、墨守成规，更不全面移植、照搬照抄，才能解决中国法治建设中的
重大问题，更好地维护人民权益、维护社会公平正义、维护国家安全
稳定。

　　在回答诸如中国为什么不能实行"宪政民主"以及实行西方"三权
分立"式的"司法独立"时，必须深刻把握中国特色社会主义法治道路
的鲜明时代特征。习近平总书记指出："鞋子合不合脚穿着才知道，一
个国家的发展道路，只有这个国家的人民才知道。"② 法治道路的选择
也自然如此。习近平总书记指出："一个国家实行什么样的司法制度，
归根到底是由这个国家的国情决定的。评价一个国家的司法制度，关键

---

　　① 中共中央文献研究室编：《习近平关于全面依法治国论述摘编》，中央文献出版社
2015 年版，第 35 页。

　　② 《习近平谈发展道路：鞋子合不合脚穿着才知道》，中国新闻网 2013 年 3 月 23 日。

看是否符合国情、能否解决本国实际问题。"① 中国特色社会主义法律体系、法律机构制度、法律实施制度、司法制度机制、法律监督制度、法律保障制度、法律职业制度等植根于中国社会的土壤之中，是中国在历史传承、文化传统、经济社会发展的基础上长期发展、渐进改进、内生性演化的结果，体现了中国法律文化传承与中国法治现实要求的有机统一，因而具有蓬勃的生机与活力。实践证明，我国司法制度总体上是适应我国国情和发展要求的，必须增强对中国特色社会主义司法制度的自信，增强政治定力。目前我国执法司法中存在的突出问题，原因是多方面的，但很多与司法体制和工作机制不合理有关。解决这些问题，需要坚持不懈地深化司法体制改革。

在当今中国全面推进依法治国、依宪治国的大背景下，一些别有用心的人将强调宪法实施与西方宪政联系起来，企图混淆视听，必须旗帜鲜明地进行反对。"宪政"一词无论从理论概念来说，还是从制度实践来说，都是特指资产阶级宪法的实施。无论是英国的宪政还是美国的宪政，都有地方性，都没有普适性。再进一步讲，西方的宪政之"名"，也完全不符合宪政之"实"。他们所宣扬的那种全面民主、自由并体现"天意"的"宪政"，在现实中是不存在的。这种宪政概念体系是西方迷惑人民大众，维护自身专制统治的神话，其本质上是一种舆论战武器，主要目的在于服务资本的全球化。党的二十大报告指出："坚持依法治国首先要坚持依宪治国，坚持依法执政首先要坚持依宪执政，坚持宪法确定的中国共产党领导地位不动摇，坚持宪法确定的人民民主专政的国体和人民代表大会制度的政体不动摇。"

一些人所鼓吹的"司法独立"更是利用了人民群众希望获得公平正义的心理，偷换概念，用以达到自己夹带政治私货的目的。"司法独

---

① 中共中央文献研究室编：《习近平关于全面依法治国论述摘编》，中央文献出版社2015年版，第76页。

立"的概念是根据一些国家三权分立的政体提出来的。我们国家实行的是议行合一的人民代表大会制度。人民代表大会不仅是立法机关，而且是权力机关。人民法院、人民检察院由人民代表大会产生，对其负责，并受其监督。所以从这个意义上讲，我们提出"依法独立公正行使审判权检察权"，与"三权分立"政体下的"司法独立"是两回事。我国高度重视为司法机关依法独立公正行使职权提供有力制度保障。党的十八届三中、四中全会都对确保依法独立公正行使审判权和检察权作出具体部署，提出一系列重大举措和改革要求。党的十八届四中全会《决定》明确要求："任何党政机关和领导干部都不得让司法机关做违反法定职责、有碍司法公正的事情，任何司法机关都不得执行党政机关和领导干部违法干预司法活动的要求。"① 这是对"确保依法独立公正行使审判权检察权"最好的阐释。

深度把握

如何区分我国依宪治国与西方宪政

区别	依宪治国	西方宪政
制度基础不同	我国社会主义经济制度的基础是生产资料的社会主义公有制，出发点和落脚点都是实现好、维护好、发展好最广大人民的根本利益，实现国家富强、民族振兴、人民幸福的中华民族伟大复兴中国梦。	建立在资本主义宪法基础上，本质上是资产阶级统治的工具，是以保护个人基本权利的名义，保障资产阶级财产权神圣不可侵犯，从而确保资产阶级在国家经济、政治生活中的统治地位。

---

① 《中共中央关于全面推进依法治国若干重大问题的决定》（2014年10月23日中国共产党第十八届中央委员会第四次全体会议通过），《人民日报》2014年10月29日。

续表

区别	依宪治国	西方宪政
领导力量不同	中国特色社会主义法治最基本的特征，就是旗帜鲜明地坚持中国共产党的领导。	无论两党制还是多党制或其他形式，资产阶级政党在本质上并无实质区别，都是资本和资产阶级利益的代言人。
权力主体不同	中华人民共和国的一切权力属于人民。人民行使国家权力的机关是全国人民代表大会和地方各级人民代表大会。全国人民代表大会和地方各级人民代表大会都由民主选举产生，对人民负责，受人民监督，按照民主集中制原则，统一管理国家事务。	从表面上看，西方宪政民主依据"普遍平等""一人一票"原则进行的民主选举，体现了民主公平。但实际上，选举背后真正起决定作用的是各种资本力量、利益集团或少数精英群体力量。
权力行使方式不同	人民代表大会是国家权力机关，国家行政机关、监察机关、审判机关、检察机关都由人民代表大会产生，对它负责，受它监督。	实行"三权分立"，其主要功能就是基于宪法规定，通过立法权、司法权、行政权分权制衡方式来维护资本和资产阶级利益，维持资本主义统治。

　　（资料来源：根据梁鹰《认清我国依宪治国、依宪执政与西方宪政的本质区别》，《求是》2015年第1期整理）

依据参考

关于严禁对"宪政""三权分立""司法独立"等态度暧昧、不敢发声亮剑的有关规定要求

《中共中央关于全面推进依法治国若干重大问题的决定》

　　中国特色社会主义道路、理论体系、制度是全面推进依法治国的根本遵循。必须从我国基本国情出发，同改革开放不断深化相适应，总结

和运用党领导人民实行法治的成功经验，围绕社会主义法治建设重大理论和实践问题，推进法治理论创新，发展符合中国实际、具有中国特色、体现社会发展规律的社会主义法治理论，为依法治国提供理论指导和学理支撑。汲取中华法律文化精华，借鉴国外法治有益经验，但决不照搬外国法治理念和模式。

《中共中央关于党的百年奋斗重大成就和历史经验的决议》

必须坚持党的领导、人民当家作主、依法治国有机统一，积极发展全过程人民民主，健全全面、广泛、有机衔接的人民当家作主制度体系，构建多样、畅通、有序的民主渠道，丰富民主形式，从各层次各领域扩大人民有序政治参与，使各方面制度和国家治理更好体现人民意志、保障人民权益、激发人民创造。必须警惕和防范西方所谓"宪政"、多党轮流执政、"三权鼎立"等政治思潮的侵蚀影响。

《中国共产党政法工作条例》

第六条 政法工作应当遵循以下原则：

（一）坚持党的绝对领导，把党的领导贯彻到政法工作各方面和全过程；

……

（三）坚定不移走中国特色社会主义法治道路，建设社会主义法治国家；

……

（八）坚持改革创新，建设和完善中国特色社会主义司法制度和政法工作运行体制机制；

……

案例解析

"独立行使审判权"不是"法官独立"

2003年3月31日，在某市某区法院一起先予执行的房屋租赁纠纷案中，副院长吴某对不具备先予执行法定条件的案件，在该市中级法院及市、区人大常委会提出此案件不宜先予执行的监督建议后，仍执意坚持采取先予强制执行的错误措施，引发了不良的社会后果。同时，吴某面对新闻舆论的监督，还说了一些极不负责任的话。节目播出后，社会舆论哗然，严重损害了司法队伍的形象。此后，区人大常委会撤销了吴某副院长、审判委员会委员和审判员职务。

解析

我国宪法第131条规定："人民法院依照法律规定独立行使审判权，不受行政机关、社会团体和个人的干涉。"这里所说的"独立行使审判权"，既不同于所谓的"司法独立"，也不同于所谓的"法官独立"。在我国，审判机关依法独立行使审判权，即审判权的真正归属是人民法院。

实践中，裁判文书由独任法官和合议庭直接签发，加盖法院印章后判决即生效，并不存在法官单独署名即生效的情况。在合议庭意见分歧较大、院庭长履行审判监督管理职能、案件符合需要提交审委会讨论等情况下，案件裁判还应当按程序提交审判委员会讨论决定。经审判委员会讨论决定的案件，裁判文书经合议庭署名后，还要履行签发手续。

从权力配置上看，人大及其常委会有权对法院司法办案进行监督，上级法院也有权对下级法院办案监督指导。本案中，在市中院及市、区人大常委会对一起不宜先予执行的监督案件提出建议的情况下，副院长吴某拒不接受监督，仍执意坚持采取先予强制执行的错误措施，引发了不良的社会后果。吴某的行为，就是一种典型的"法官独立"。实际上，即便《中华人民共和国法官法》（以下简称法官法）规定"法官依法履行职责，受法律保护，不受行政机关、社会团体和个人的干涉"，但这是对法官履职的保护，而不意味着"法官独立"，不意味着法官个人依法独立行使审判权。①

党的二十大报告指出："规范司法权力运行，健全公安机关、检察机关、审判机关、司法行政机关各司其职、相互配合、相互制约的体制机制。强化对司法活动的制约监督，促进司法公正。加强检察机关法律监督工作。"在司法改革的今天，法官审理案件更需要接受监督和管理，包括两审终审制和审判监督程序的法律监督，人大、政协、检察机关、舆论监督，还有来自内部的廉政风险预防监督机制、案件质量评查机制、司法绩效考核机制，等等。唯有如此，才能不断提高案件质量，防止司法腐败。

学 习 思 考

1. 什么是大是大非问题？
2. 政法干警如何正确面对大是大非问题？
3. 我国依宪治国与西方宪政有哪些区别？
4. 为什么中国不能照搬照抄西方法治道路？
5. 你对独立行使审判权、检察权是如何理解的？

---

① 赵瑞罡、陈琨：《如何理解和把握"审理者"》，《人民法院报》2020 年 8 月 7 日。

第二篇

勇于自我革命，整治顽瘴痼疾

　　勇于自我革命是我们党最鲜明的品格。习近平总书记一直高度重视推进党的自我革命，强调"要以伟大自我革命引领伟大社会革命"。习近平总书记在党的十九届六中全会上讲话指出，党的自我革命是我们党为跳出历史周期率给出的"第二个答案"。他在十九届中纪委六次全会上对此作出进一步阐释，并指出：全面从严治党的伟大实践，"探索出依靠党的自我革命跳出历史周期率的成功路径"。顽瘴痼疾是累积的"老大难"问题，也是难啃的"硬骨头"，具有普遍性、多样性、顽固性，如果长时间得不到解决，势必严重削弱政法机关的公信力，严重践踏社会公平正义底线。经过全国政法队伍教育整顿，政法机关顽瘴痼疾得到了有效整治，取得了一批实践成果和制度成果。"十个严禁"聚焦有案不立、压案不查、有罪不究，司法人员与律师不当接触交往，违规违法办理减刑、假释、暂予监外执行等执法司法问题，用制度机制巩固整治成果。新时代政法干警要继续抓住多发性、顽固性、典型性问题不放，用好批评与自我批评武器，敢于直面问题、勇于修正错误，进一步纯洁政法队伍，提升政法队伍战斗力。

第四讲　远离不当交往，决不干预执法司法

> 严禁不当交往、干预执法司法。决不允许违反"三个规定"，请托说情打招呼，不如实记录报告，不正当接触交往，充当司法掮客。
>
> ——《新时代政法干警"十个严禁"》

毋庸置疑，在纷繁复杂的人类社会关系中，司法是最为重要的一种。正是在法官、检察官、律师等法律职业共同体的依法参与下，各种诉讼活动才能有序展开，权利义务关系才能厘清，纠纷矛盾才能化解。为防止上述法律职业共同体"同气连枝""私相授受""利益输送"，进而影响司法公正，立法方面通过法官法、检察官法、律师法等专门法律，以及两高三部等联合发文，强调司法人员"秉公办案，不得徇私枉法"。遗憾的是，经由法律画出的醒目红线，在现实中却被一些司法人员、律师等刻意忽视，甚至肆意践踏。

因此，"十个严禁"明确规定，"严禁不当交往、干预执法司法"。由于执法司法人员权力相对集中，自由裁量权较大，不当接触交往、干预执法司法成为群众反映强烈、影响执法司法公正的突出问题。新时代政法干警要响亮回应群众期待，夯实清正廉洁思想根基，净化"朋友圈""交往圈"，严格落实禁止法官、检察官与律师不正当接触交往和离任司法人员从业限制的制度规定，坚决不迈出滑向深渊的第一步。

一、落实"三个规定"，避免人情干扰

党的十八届四中全会明确提出，要"建立领导干部干预司法活动、插手具体案件处理的记录、通报和责任追究制度""建立司法机关内部人员过问案件的记录制度和责任追究制度"。[①] 2015 年，中办、国办、中央政法委、最高人民法院、最高人民检察院、公安部、国家安全部、司法部先后出台《领导干部干预司法活动、插手具体案件处理的记录、通报和责任追究规定》《司法机关内部人员过问案件的记录和责任追究规定》《关于进一步规范司法人员与当事人、律师、特殊关系人、中介组织接触交往行为的若干规定》，简称"三个规定"。"十个严禁"吸收了这些要求，决不允许政法干警违反"三个规定"，请托说情打招呼。作为政法干警，如果抵挡不住来自内外两方面的干扰，自甘放纵、随波逐流，那么正义的堤坝迟早会溃决，损害的是司法的公信力，丧失的是最宝贵的人心。因此，广大政法干警要刚正不阿，勇于担当，敢于依法排除来自司法机关内部和外部的干扰，坚守公正司法的底线。

"三个规定"主要规范的是"三组关系"：一是从司法机关外部来说，规范各级党政机关领导干部与司法机关及其办案人员的关系；二是从司法机关内部来说，规范司法机关内部人员与办案人员及其办理的案件的关系；三是从办案人自身来说，规范司法人员与当事人、律师、特殊关系人、中介组织之间的关系。"三个规定"的初衷是从以上三个层面阻断影响严格执法、公正司法的因素，对于防止司法案件受到违规干预和司法人员被"围猎"，保障独立、公正、廉洁司法，具有重大而深远的意义。

---

① 《中共中央关于全面推进依法治国若干重大问题的决定》（2014 年 10 月 23 日中国共产党第十八届中央委员会第四次全体会议通过），《人民日报》2014 年 10 月 29 日。

　　我国司法领域存在不公，既有外部干预包括地方党政领导插手案件的原因，也有执法司法机关内部上下级打招呼和司法人员个人的原因。相比之下，后者所起的作用更大，而且许多外部的干预也是通过内部的行政化才起作用。① 执法司法机关内部人员过问案件，过问者和被过问者工作在同一个系统，甚至同一个单位、同一个部门、同一个办公室，低头不见抬头见，被过问者很难拉下面子如实记录。再加上有的干警心存侥幸心理，以及组织监督不够严格，导致一些执法司法机关内部人员利用上下级领导、同事、熟人等关系，通过各种方式打探案情、说情、施加压力，非法干预、阻碍办案，或者提出不符合办案规定的其他要求，严重干扰执法司法人员秉公办案，影响案件的公正处理，严重损害司法公信力。

　　某市某区检察院公诉科科长高某某受该院副检察长田某请托，为了帮助犯罪嫌疑人张某某受到较轻的追诉，在没有证据证明的情况下，在起诉书中认定"张某某等因合法生产而非法储存爆炸物"，并向法院出具判处有期徒刑3年、适用简易程序审理的建议。公诉科科长高某某和田某之间存在上下级关系，面对说情打招呼没有坚持原则进行拒绝并记录报告，而是积极迎合领导违法办案，为权力寻租提供了空间。

　　针对这种情况，《司法机关内部人员过问案件的记录和责任追究规定》提出了"三不得"的要求，即司法机关内部人员不得违反规定过问和干预其他人员正在办理的案件，不得违反规定为案件当事人转递涉案材料或打探案情，不得以任何方式为案件当事人说情打招呼。2021年1月12日，湖南省高级人民法院审监一庭副庭长周春梅因多次拒绝不法分子向某为其案件说情打招呼的非法要求，被行凶报复不幸遇害。这位用生命捍卫正义的女法官，在社会上引起强烈反响。广大政法干警要以周

---

　　① 《陈冀平：司法领域存在不公 有机关内部上下级打招呼》，中国新闻网2015年3月11日。

春梅同志为榜样，深入学习践行"三个规定"，自觉做到不过问、不插手、不干扰办案，不在线索核查、立案、审判、执行等任何环节以任何方式为案件当事人请托说情打招呼，确保"三个规定"内化于心、外践于行。

深度把握

司法机关内部人员过问案件区分处理、处置通报和责任追究

区分处理	（1）司法机关内部人员的干预、说情或者打探案情的，办案人员应当予以拒绝，并全面、如实记录，做到全程留痕，有据可查。 （2）其他司法机关的工作人员因履行法定职责需要，向办案人员了解正在办理的案件有关情况的，应当依照法律程序或者工作程序进行。 （3）通过非正当渠道邮寄的涉案材料的，应当视情况退回或者销毁，不得转交办案单位或者办案人员。 （4）案件当事人及其关系人请托打听案件办理进展情况的，应当告知其直接向办案单位和办案人员询问，或者通过公开平台等正当渠道进行查询。
处置通报	（1）机关内部人员违反规定干预办案的，由本机关纪检监察部门调查处理； （2）本机关领导干部违反规定干预办案的，向负有干部管理权限的机关纪检监察部门报告情况； （3）上级机关和其他没有隶属关系的司法机关的人员违反规定干预司法机关办案的，向干预人员所在司法机关纪检监察部门报告情况。 （4）干预人员所在司法机关纪检监察部门接到报告或者通报后，应当及时调查处理，并将结果通报办案单位所属司法机关纪检监察部门。

责任追究	（1）司法机关内部人员违反规定干预办案或者对如实记录过问案件情况的办案人员进行打击报复的，构成违纪的，依规给予纪律处分；构成犯罪的，依法追究刑事责任。 （2）办案人员不记录或者不如实记录司法机关内部人员过问案件情况的，予以警告、通报批评；两次以上不记录或者不如实记录的，依规给予纪律处分。主管领导授意不记录或者不如实记录的，依法依纪追究主管领导责任。

（资料来源：根据《司法机关内部人员过问案件的记录和责任追究规定》等整理）

依据参考

关于严禁违反"三个规定"、请托说情打招呼的 有关规定要求

《司法机关内部人员过问案件的记录和责任追究规定》

第九条 司法机关内部人员有下列行为之一的，属于违反规定干预办案，负有干部管理权限的司法机关按程序报经批准后予以通报，必要时可以向社会公开：

（一）在线索核查、立案、侦查、审查起诉、审判、执行等环节为案件当事人请托说情的；

（二）邀请办案人员私下会见案件当事人或其辩护人、诉讼代理人、近亲属以及其他与案件有利害关系的人的；

（三）违反规定为案件当事人或其辩护人、诉讼代理人、亲属转递涉案材料的；

（四）违反规定为案件当事人或其辩护人、诉讼代理人、亲属打探案情、通风报信的；

（五）其他影响司法人员依法公正处理案件的行为。

《人民法院落实〈司法机关内部人员过问案件的记录和责任追究规定〉的实施办法》

第十二条 人民法院工作人员具有下列情形之一的，属于违反规定过问案件的行为，应当依照《人民法院工作人员处分条例》第三十三条规定给予纪律处分；涉嫌犯罪的，移送司法机关处理：

（一）为案件当事人及其关系人请托说情、打探案情、通风报信的；

（二）邀请办案人员私下会见案件当事人及其关系人的；

（三）不依照正当程序为案件当事人及其关系人批转、转递涉案材料的；

（四）非因履行职责或者非经正当程序过问他人正在办理的案件的；

（五）其他违反规定过问案件的行为。

《最高人民检察院关于检察机关贯彻执行〈领导干部干预司法活动、插手具体案件处理的记录、通报和责任追究规定〉和〈司法机关内部人员过问案件的记录和责任追究规定〉的实施办法（试行）》

5. 严格规范司法行为。检察人员应当严格遵守办案规矩、纪律和法律，不得利用上下级领导、同事、熟人等关系，过问和干预其他人员正在办理的案件，不得违反规定为案件当事人打探案情、转递涉案材料、说情、施加压力、非法干预、阻碍办案，或者提出不符合办案规定的其他行为。检察人员对个人收到的举报、控告、申诉等来信来件，应当严格按照有关规定和程序转交职能部门办理，不得在来信来件上提出倾向性意见。

《公安机关内部人员干预、插手案件办理的记录、通报和责任追究规定》

第三条 公安机关领导干部及其他内部人员不得有下列干预、插手案件办理的行为：

（一）超越职权下达不符合法律规定的立案、撤销案件、终止侦查、变更强制措施、降格或者升格处理案件等指示；

（二）超越职权私自向办案单位或者办案人员提出案件定性处理意见；

（三）要求办案单位或者办案人员违法查封、扣押、冻结财物或者违法处置涉案财物；

（四）超越职权批转涉案材料；

（五）向办案单位负责人或者办案人员提出私下会见案件当事人、当事人近亲属、代理人以及其他与案件有利害关系人员；

（六）本人或者授意身边工作人员、近亲属等关系人为案件当事人请托、说情；

（七）本人或者授意身边工作人员、近亲属等关系人违反规定打探案情、通风报信；

（八）其他干预、插手案件办理的情形。

案例解析

私下发函建议公安机关撤案被判刑

2015 年 10 月，时任某县人民检察院侦查监督科科长的吴某碍于同学和朋友情面，明知吴某发等人的行为涉嫌寻衅滋事罪，按照法律规定不能作撤案处理，却接受犯罪嫌疑人吃请、收受他人贿赂，违反规定，私自以"县人民检察院侦查监督科"名义向县公安局治安大队出具一份内容为"我科认为嫌疑人吴某发犯罪情节轻微，可作不起诉或者免予刑事处罚的处理"的《检察建议》，帮助县公安局对吴某发等人涉嫌寻衅滋事犯罪一案作撤案处理，导致吴某发得以逃避刑事责任追究，且在明知县公安局撤销案件行为不合法的情况下，未依法履行立案监督的工作职责，纠正违法撤案行为。2019 年 4 月，吴某被法院以徇私枉法罪判处有期徒刑 1 年。

解析

由于检察机关对公安机关执法办案具有监督的职能，有些情形很难区分正常履职与干预之间的界限。有的政法干警利用手中职权，为他人请托说情打招呼，违反"三个规定"，丧失了立场和原则。

在本案中，吴某作为检察机关业务部门负责人，面对朋友情、同学情，丧失了立场和原则，毫无职业操守，徇私枉法，私自向公安机关出具帮助嫌疑人免予刑事追究的检察建议，并且主动放弃立案监督职责，使得犯罪嫌疑人逃避法律的制裁。

本案给我们的启示是，尽管司法机关之间、司法机关内部的具体部门，以及院长、检察长、局长、审委会、检委会等与办案人员等存在着指导与被指导、监督与被监督的关系，但在"三个规定"中对指导监督程序已经作出了明确规定。比如，人民法院领导干部和上级人民法院工作人员因履行法定职责，需要对正在办理的案件提出监督、指导意见的，应当依照法定程序或相关工作程序以书面形式提出，口头提出的，应当由办案人员如实记录在案。对于因履行法定职责作出的批示、函文等要存入卷宗备查。目前，各种防止说情打招呼的"高压线"已经架起，关键是广大政法干警要消除侥幸心理，旗帜鲜明反对托关系、打招呼，把"三个规定"不折不扣地落实到位，促进公正廉洁司法，提高司法公信力。

二、做到"凡问必录"，及时全面报告

在防止干预司法的"三个规定"制度体系中，记录是前提和基础。没有全面、如实的记录报告，"三个规定"就会成为一句空话。因此，"十个严禁"明确规定，决不允许不如实记录报告。经过多年的运行，特别是政法队伍教育整顿的强化，政法各单位持续加强宣传教育、深入

查纠整改，目前案件办理中的"外部干预"和"内部过问"明显减少，公正廉洁执法司法的环境得到进一步优化。但我们也要看到，全面如实记录报告制度还需要进一步落实，确保取得预期成效。

一是主动上报相对较少。一些执法司法人员填报执行"三个规定"等重大事项时总是思前想后，有的担心如实填报会遭受打击报复，有的则担心领导、同事知道了以后不好"做人"，有的干脆抱着多一事不如少一事的心态，对打听过问"睁一只眼、闭一只眼"，还有的与当事人、"中间人"存在利益输送或者特殊关系，为了避免引火烧身，自然不会记录上报。某县人民法院刑一庭庭长蔡某某受亲友之托先后两次向原市中级人民法院刑一庭庭长徐某（因犯受贿罪被判处有期徒刑5年）打招呼，为案件当事人请托说情，并邀请徐某私下会见当事人亲友、收受款物。在这种暗度陈仓、收受贿赂的情况下，很难指望徐某会如实记录报告。

二是事前发现相对较少。不少涉及领导干部干预插手的案件，在案发前很少收到任何报告和线索。比如，2017年12月，某市扫黑办将某县政协原主席刘某某充当黑恶势力"保护伞"的线索移交给市纪委监委。实际上，刘某某从2013年开始就对一涉黑涉恶犯罪团伙进行包庇，不仅向县公安局局长说情，而且还向县法院院长打招呼。2016年8月，刘某某向有关部门施压，为涉黑涉恶犯罪团伙骨干成员廖某办理取保候审手续，导致廖某潜逃。刘某某之所以能够作案已久，与案发前没有上报任何干预案件的线索密切相关。

三是倒查问责相对较少。过去，有的地方公检法单位每年办案总量在一二十万件，但每年上报的干预过问案件、不当接触记录仅有十几件，甚至有的地区和单位常年"零报告"。其中一个原因就是，因违反"三个规定"中"不记录或者不如实记录""有两次以上不记录或者不如实记录"而受到组织处理、纪律处分的案例很少，不少干警逐渐形成了"不填也没什么事"的错误认识。

如实记录报告制度不仅是保障"三个规定"落实落地的"钢牙利齿"，也是广大政法干警拒绝干扰、抵制诱惑的"挡箭牌"和"防护盾"。那么从政法干警角度来说，如何让这一制度真正地发挥作用呢？

一是树牢过问就要留痕的行动自觉。严格执行"三个规定"并非记别人的"黑账"，相反这恰恰是对被记录者的负责，是对公平正义的维护，同时也是对自己的保护。因此，对任何人干预司法活动、插手具体案件处理的情况，不管什么形式，执法司法人员都应当全面、如实记录，做到全程留痕、有据可查。虽然现实中打听、过问案情未必都是为了干预司法，但为了避免个别"关系案、人情案、金钱案"在其中浑水摸鱼，必须做到"逢问必录"，既对心存侥幸违规过问或干预插手司法办案的个别人形成有力震慑，更能促进全社会形成"问不问案子，都会依法办理"的法治共识。

二是弄清主动记录报告的具体规定。要对"三个规定"及其具体的实施细则烂熟于心，确保执行精准到位。比如，在以往，"已退休"成了某些违规干预、过问案件者的"护身符"，出了事情就以自己已经退休来推脱责任。但"三个规定"明确指出，司法机关离退休人员违反规定干预办案的，同样适用。比如， 2016 年至 2017 年，某省高级人民法院退休法官沈某利用其退休法官身份，违法参与请托公司在省法院审理的诉讼活动，并向省法院法官行贿，最终沈某被追究刑事责任。

三是守住廉洁规范办案的红线底线。广大政法干警作为定纷止争的裁判者、公平正义的维护者，要对不当请托敢于说"不"，敢于"唱黑脸"，不论是谁干预、谁说情、谁打招呼，不管其"来头"多大、"背景"多深、"条件"多诱人，都不能拿执法司法权送人情、做交易，坚决防止干预执法司法现象的发生。

深度把握

防止干预司法"三个规定"记录报告具体情形及处理程序

记录报告情形	（1）超越职权下达不符合法律规定的立案、撤销案件、终止侦查、变更强制措施、降格或者升格处理案件等指示； （2）超越职权私自向办案单位或者办案人员提出案件定性量刑处理意见； （3）要求办案单位或者办案人员违法查封、扣押、冻结财物或者违法处置涉案财物； （4）超越职权批转涉案材料； （5）向办案单位负责人或者办案人员提出私下会见案件当事人、当事人近亲属、代理人以及其他与案件有利害关系人员； （6）为案件当事人请托、说情、打探案情、通风报信； （7）其他干预、插手案件办理的情形。
例外情形	（1）领导干部在主管或分管工作范围内通过正常工作程序收到群众来信、舆情信息后作出批示的； （2）领导干部在主管或分管工作范围内对相关情况和问题要求核查和反馈的； （3）人大代表、政协委员通过正常渠道交办转办的案件。
处理程序	（1）区分情形：注意区分政务公开、合法咨询行为同干预、插手案件办理行为的区别，对通过正当法律途径可以实现合法咨询或者诉求的，应当告知其正当法律途径。 （2）如实登记：在案件信息管理系统"三个规定"模块中客观、如实填写，同时根据单位要求填报过问及干预、插手案件办理行为登记表，将过问人的姓名、单位、职务以及过问案件的情况全面、如实地录入，并根据过问及干预、插手人员采用的表达方式，留存电话录音、电子信息、文字材料等相关证据。 因履行职责需要，以组织名义发文发函对案件处理提出要求的或者向办案单位或者办案人员口头了解正在办理案件的有关情况的，办案人员应当做好工作记录，并将有关批示、函文、记录等资料留存工作卷宗备查。 （3）报送部门：按照规定直接报本级或者上级纪检监察部门，必要时可越级报告。

续表

保密 规定	办案人员依规按程序报告记录事项的，应当严格遵守保密方面制度规定。办案人员可以只向分管领导报告记录的数据，而将记录的详细信息密封送纪检监察部门留存，并由专人管理报送。

（资料来源：根据《领导干部干预司法活动、插手具体案件处理的记录、通报和责任追究规定》《司法机关内部人员过问案件的记录和责任追究》《关于进一步规范司法人员与当事人、律师、特殊关系人、中介组织接触交往行为的若干规定》整理）

依据参考

关于如实记录报告的有关规定要求

《法治中国建设规划（2020—2025 年）》

严格执行《领导干部干预司法活动、插手具体案件处理的记录、通报和责任追究规定》。

健全落实司法机关内部人员过问案件记录追责、规范司法人员与律师和当事人等接触交往行为的制度。

《领导干部干预司法活动、插手具体案件处理的记录、通报和责任追究规定》

第五条 对领导干部干预司法活动、插手具体案件处理的情况，司法人员应当全面、如实记录，做到全程留痕，有据可查。

以组织名义向司法机关发文发函对案件处理提出要求的，或者领导干部身边工作人员、亲属干预司法活动、插手具体案件处理的，司法人员均应当如实记录并留存相关材料。

第六条 司法人员如实记录领导干部干预司法活动、插手具体案件处理情况的行为，受法律和组织保护。领导干部不得对司法人员打击报复。非因法定事由，非经法定程序，不得将司法人员免职、调离、辞退或者作出降级、撤职、开除等处分。

《司法机关内部人员过问案件的记录和责任追究规定》

第四条 司法机关领导干部和上级司法机关工作人员因履行领导、监督职责，需要对正在办理的案件提出指导性意见的，应当依照程序以书面形式提出，口头提出的，由办案人员记录在案。

第六条 对司法机关内部人员过问案件的情况，办案人员应当全面、如实记录，做到全程留痕，有据可查。

第七条 办案人员如实记录司法机关内部人员过问案件的情况，受法律和组织保护。

司法机关内部人员不得对办案人员打击报复。办案人员非因法定事由，非经法定程序，不得被免职、调离、辞退或者给予降级、撤职、开除等处分。

《关于进一步规范司法人员与当事人、律师、特殊关系人、中介组织接触交往行为的若干规定》

第七条 司法人员在案件办理过程中因不明情况或者其他原因在非工作时间或非工作场所接触当事人、律师、特殊关系人、中介组织的，应当在三日内向本单位纪检监察部门报告有关情况。

案例解析

违规过问被处分，主动报告受表扬

2018年6月至2019年7月期间，某市检察院法警支队政委陈某，分别3次向辖区基层检察院王某等4名检察官打电话，就正在办理的3起案件进行询问，4名检察官或告知会依法办理，或明确予以拒绝。2019年8月，王某等4名检察官对陈某的违规过问、干预案件行为作了记录报告。陈某因违反"三个规定"及其他违纪问题，被免去法警支队政委职务，并被开除党籍。该市检察院在大会上对王某等4名检察官自觉抵制打探案情、违规过问干预案件办理，并主动记录报告的行为进行了充分肯定。

解析

这是2020年5月最高人民检察院通报的关于防止干预司法"三个规定"的典型案件之一。我国社会受人治传统、差序格局的经久影响，"关系社会""熟人社会"底色浓重，不少人还有遇事托关系、找路子的行为习惯。一段时期以来，少数执法司法机关工作人员遇到说情打招呼后，要么违规违法行使权力，损害司法权威和公信力，要么心里有顾虑，抹不开面子，不能向组织如实记录报告。即使填报也是"软执行"，推一推动一动、不推就不动，甚至有个别干警对记录报告工作存在抵触和反感情绪。

随着"三个规定"的严格执行，现在，广大政法干警对如实记录报告重要性的认识都比过去有了很大提高，真正理解到"三个规定"既是约束自身的"紧箍咒"，更是保护自己的"护身符"。本案中，陈某接受案件当事人或亲友请托，多次违规过问或干预下级检察院办理的案件，受到严肃处理。王某等4名员额检察官，对来自上级检察机关的部门负责人的违规过问或干预案件行为予以拒绝，并作了报告，不仅没有被追究责任，还受到了上级的表扬。陈某与王某等4名检察官的行为形成鲜明对比，值得每一名政法干警深思和借鉴。

这起案件提醒广大政法干警，在面对领导干部和司法机关内部人员说情打招呼时，一方面，不能屈从人情关系和工作压力，坚决予以抵制并依法履职，不让干预插手行为得逞，否则就会受到严肃的查处；另一方面，要按照"三个规定"的制度规范，及时主动记录报告，让干预司法活动、插手具体案件行为彻底根除。

三、把握"亲清边界"，不当司法掮客

从近年来查处的一些司法人员违纪违法案件看，司法人员与当事人、律师、特殊关系人、中介组织等不正当接触交往问题依然突出。"十个严禁"明确指出，决不允许不正当接触交往，充当司法掮客。这一规定为司法人员与当事人、律师、特殊关系人、中介组织接触交往划出了底线。新时代政法干警要心存敬畏戒惧，不触碰底线红线，进一步规范接触交往行为，自觉接受律师等社会各界对执法司法工作的监督，防止利益输送和利益勾连，切实维护司法廉洁和司法公正。

过去，司法人员与当事人、律师、特殊关系人、中介组织接触交往的政策界限模糊，相关法律规定对不正当接触交往的情形列举不全面，容易滋生司法腐败。2011年7月，因被告对一审判决不满，某市某区人民法院审判员李某某约被告之父吃饭并向其解释判决情况，谈话被全程录音。李某某违背司法中立要求，私自以不当方式会见案件关系人并发表不当言论，造成不良社会影响。2014年4月，区人民法院给予李某某行政记过处分。

针对界限不清的情况，2015年9月，最高人民法院、最高人民检察院、公安部、国家安全部、司法部联合印发《关于进一步规范司法人员与当事人、律师、特殊关系人、中介组织接触交往行为的若干规定》。该规定细化了司法人员不得进行的接触交往行为，包括不得泄露司法机关办案工作秘密或者其他依法依规不得泄露的情况，不得为当事人推荐、介绍诉讼代理人、辩护人或者为律师、中介组织介绍案件，不得接受当事人、律师、特殊关系人、中介组织请客送礼或者其他利益等六类行为。2021年9月，最高人民法院、最高人民检察院、司法部印发《关于建立健全禁止法官、检察官与律师不正当接触交往制度机制的意见》，规定了法官、检察官与律师七类禁止性交往行为。

司法掮客，是影响司法公平公正的"幕后黑手"。习近平总书记在谈到司法掮客的危害时指出："老百姓说是'大盖帽，两头翘，吃了被告吃原告'，造成了十分恶劣的影响。"① 由于执法司法人员身在政法机关，谙熟各方面的关系和规则，对于穿针引线、牵线搭桥具有得天独厚的条件，往往会成为司法掮客的角色。 2016 年至 2020 年期间，姚某某利用本人公安干警的身份，通过公安局、检察院、法院等其他国家工作人员职务上的便利，充当司法掮客，为请托人在司法案件中谋取不正当利益，非法收受他人财物，并直接向其他国家工作人员行贿。 2022 年 3 月，姚某某被法院以受贿罪、行贿罪合并判处有期徒刑 1 年 5 个月，并处罚金 20 万元。此外，在政法队伍教育整顿中，"法官、检察官退休、离职后违规担任律师、法律顾问，充当司法掮客"也被纳入"六大顽瘴痼疾"，是整治的重点之一。比如，某县人民法院退休法官李某某退休未满两年，违规从事法律咨询服务，代理市中级人民法院案件，充当司法掮客，受到诫勉谈话处理。

为了进一步规范法官、检察官退休、离职后违规担任律师、法律顾问的情形， 2021 年 9 月，最高人民法院、最高人民检察院、司法部联合印发《关于进一步规范法院、检察院离任人员从事律师职业的意见》，明确规定各级人民法院、人民检察院离任人员不得以任何形式，为法官、检察官与律师不正当接触交往牵线搭桥，充当司法掮客；不得采用隐名代理等方式，规避从业限制规定，违规提供法律服务。更为严厉的是，规定法院、检察院退休人员到律师事务所从业的，除依据《中华人民共和国公务员法》（以下简称公务员法）第 107 条执行与辞去公职人员相同的从业限制规定外，还应当严格执行组织部文件的规定和审批程序，并及时将行政、工资等关系转出法院、检察院，不再保留机关的各种待遇。

---

① 中共中央文献研究室编：《十八大以来重要文献选编》（上），中央文献出版社 2014 年版，第 720 页。

深度把握

法官、检察官与律师不正当接触交往自查表

不正当接触交往情形	是否存在违规行为	具体情况说明
（1）在案件办理过程中，非因办案需要且未经批准在非工作场所、非工作时间与辩护、代理律师接触。		
（2）接受律师或者律师事务所请托、过问、干预或者插手其他法官、检察官正在办理的案件，为律师或者律师事务所请托说情、打探案情、通风报信。		
（3）为案件承办法官、检察官私下会见案件辩护、代理律师牵线搭桥。		
（4）非因工作需要，为律师或者律师事务所转递涉案材料。		
（5）向律师泄露案情、办案工作秘密或者其他依法依规不得泄密的情况。		

不正当接触交往情形	是否存在违规行为	具体情况说明
（6）违规为律师或律师事务所出具与案件有关的各类专家意见。		
（7）为律师介绍案件。		
（8）为当事人推荐、介绍律师作为诉讼代理人、辩护人。		
（9）要求、建议或者暗示当事人更换符合代理条件的律师。		
（10）索取或者收受案件代理费用或者其他利益。		
（11）向律师或者其当事人索贿，接受律师或者其当事人行贿。		
（12）索取或者收受律师借礼尚往来、婚丧嫁娶等赠送的礼金、礼品、消费卡和有价证券、股权、其他金融产品等财物。		

不正当接触交往情形	是否存在违规行为	具体情况说明
（13）向律师借款，租借房屋，借用交通工具、通讯工具或者其他物品。		
（14）接受律师吃请、娱乐等可能影响公正履行职务的安排。		
（15）非因工作需要且未经批准，擅自参加律师事务所或者律师举办的讲座、座谈、研讨、培训、论坛、学术交流、开业庆典等活动。		
（16）以提供法律咨询、法律服务等名义接受律师事务所或者律师输送的相关利益。		
（17）与律师以合作、合资、代持等方式经商办企业或者从事其他营利性活动。		
（18）本人配偶、子女及其配偶在律师事务所担任"隐名合伙人"。		

续表

不正当接触交往情形	是否存在违规行为	具体情况说明
（19）本人配偶、子女及其配偶显名或者隐名与律师"合作"开办企业或者"合作"投资。		
（20）默许、纵容、包庇配偶、子女及其配偶或者其他特定关系人在律师事务所违规取酬。		
（21）向律师或律师事务所放贷收取高额利息。		
（22）其他可能影响司法公正和司法权威的不正当接触交往行为。		

（资料来源：根据《关于建立健全禁止法官、检察官与律师不正当接触交往制度机制的意见》等整理）

依据参考

关于严禁不正当接触交往、充当司法掮客的有关规定要求

《关于进一步规范司法人员与当事人、律师、特殊关系人、中介组织接触交往行为》

第五条 严禁司法人员与当事人、律师、特殊关系人、中介组织有下列接触交往行为：

（一）泄露司法机关办案工作秘密或者其他依法依规不得泄露的情况；

（二）为当事人推荐、介绍诉讼代理人、辩护人、或者为律师、中介组织介绍案件，要求、建议或者暗示当事人更换符合代理条件的律师；

（三）接受当事人、律师、特殊关系人、中介组织请客送礼或者其他利益；

（四）向当事人、律师、特殊关系人、中介组织借款、租借房屋，借用交通工具、通讯工具或者其他物品；

（五）在委托评估、拍卖等活动中徇私舞弊，与相关中介组织和人员恶意串通、弄虚作假、违规操作等行为；

（六）司法人员与当事人、律师、特殊关系人、中介组织的其他不正当接触交往行为。

《关于建立健全禁止法官、检察官与律师不正当接触交往制度机制的意见》

第三条 严禁法官、检察官与律师有下列接触交往行为：

（一）在案件办理过程中，非因办案需要且未经批准在非工作场所、非工作时间与辩护、代理律师接触。

（二）接受律师或者律师事务所请托，过问、干预或者插手其他法官、检察官正在办理的案件，为律师或者律师事务所请托说情、打探案情、通风报信；为案件承办法官、检察官私下会见案件辩护、代理律师牵线搭桥；非因工作需要，为律师或者律师事务所转递涉案材料；向律师泄露案情、办案工作秘密或者其他依法依规不得泄露的情况；违规为律师或律师事务所出具与案件有关的各类专家意见。

（三）为律师介绍案件；为当事人推荐、介绍律师作为诉讼代理人、辩护人；要求、建议或者暗示当事人更换符合代理条件的律师；索取或者收受案件代理费用或者其他利益。

（四）向律师或者其当事人索贿，接受律师或者其当事人行贿；索取或者收受律师借礼尚往来、婚丧嫁娶等赠送的礼金、礼品、消费卡和有价证券、股权、其他金融产品等财物；向律师借款、租借房屋、借用交通工具、通讯工具或者其他物品；接受律师吃请、娱乐等可能影响公正履行职务的安排。

（五）非因工作需要且未经批准，擅自参加律师事务所或者律师举办的讲座、座谈、研讨、培训、论坛、学术交流、开业庆典等活动；以提供法律咨询、法律服务等名义接受律师事务所或者律师输送的相关利益。

（六）与律师以合作、合资、代持等方式，经商办企业或者从事其他营利性活动；本人配偶、子女及其配偶在律师事务所担任"隐名合伙人"；本人配偶、子女及其配偶显名或者隐名与律师"合作"开办企业或者"合作"投资；默许、纵容、包庇配偶、子女及其配偶或者其他特定关系人在律师事务所违规取酬；向律师或律师事务所放贷收取高额利息。

（七）其他可能影响司法公正和司法权威的不正当接触交往行为。

严禁律师事务所及其律师从事与前款所列行为相关的不正当接触交往行为。

《关于进一步规范法院、检察院离任人员从事律师职业的意见》

第三条第二款　各级人民法院、人民检察院离任人员在离任后二年内，不得以律师身份担任诉讼代理人或者辩护人。各级人民法院、人民检察院离任人员终身不得担任原任职人民法院、人民检察院办理案件的诉讼代理人或者辩护人，但是作为当事人的监护人或者近亲属代理诉讼或者进行辩护的除外。

第四条　被人民法院、人民检察院开除人员和从人民法院、人民检察院辞去公职、退休的人员除符合本意见第三条规定外，还应当符合下列规定：

（一）被开除公职的人民法院、人民检察院工作人员不得在律师事务所从事任何工作。

（二）辞去公职或者退休的人民法院、人民检察院领导班子成员，四级高级及以上法官、检察官，四级高级法官助理、检察官助理以上及相当职级层次的审判、检察辅助人员在离职三年内，其他辞去公职或退休的人民法院、人民检察院工作人员在离职二年内，不得到原任职人民法院、人民检察院管辖地区内的律师事务所从事律师职业或者担任"法律顾问"、行政人员等，不得以律师身份从事与原任职人民法院、人民检察院相关的有偿法律服务活动。

......

案例解析

承办法官收受贿赂被判刑

2015 年 11 月 3 日，一起贩卖毒品案起诉至某市中院，时任该院刑二庭助理审判员郭某为案件承办法官。2015 年 11 月 7 日，经李某介绍，路某担任一审辩护人。2016 年春节前后，李某通过律师路某约请法官郭某见面，并向郭某提出从轻处罚的请求。之后，李某在其开设的典当行与路某商量送给郭某人民币 30 万元用于疏通关系。2016 年 3 月至 9 月，路某在郭某家附近分三次送给郭某人民币 26 万元。同时，郭某还涉嫌其他犯罪。2019 年 2 月，法院以受贿罪判处郭某有期徒刑 3 年，并处罚金人民币 20 万元。

解析

法官、检察官与律师都是社会主义法治工作队伍的重要组成部分，对推进社会法治进程、维护社会公平正义具有非常重要的作用。但也存在着少部分律师"围猎"司法人员、个别司法人员主动"权力寻租"等情况。

本案中，法官郭某在案件办理过程中，一是非因办案需要且未经批准在非工作场所、非工作时间与辩护、代理律师接触；二是接受律师行贿，影响公正履行职务。对于不正当交往的问题，最高人民法院出台了很多禁止性规定，如"法官行为规范""干扰办案规定""五个严禁"等，从源头上构筑起防止人情干扰的"隔离墙"。但仍有一些审判人员对此不够重视，错误地认为不正当交往和受贿的行为很难被发现，因此变得更加胆大妄为。

为了最大限度压缩司法人员与律师不正当接触交往空间，广大政法干警要进一步端正司法理念，规范司法行为，严格遵守法官、检察官与律师交往制度，自觉在法律法规规定的范围内活动，从根本上杜绝司法掮客滋生的土壤。

学 习 思 考

1. "三个规定"分别规范的是哪三组关系？

2. 目前落实全面记录报告制度还存在哪些方面的问题？

3. 作为政法干警，如何落实全面记录报告制度？

4. 法官、检察官和律师交往有哪些禁止性规定？

5. 司法人员充当司法掮客有哪些危害？如何避免这一现象的发生？

第五讲　严禁玩忽职守，决不徇私枉法

> 严禁玩忽职守、徇私枉法。决不允许办"关系案""人情案""金钱案"，有案不立、压案不查、有罪不究，违规违法办理减刑、假释、暂予监外执行。
>
> ——《新时代政法干警"十个严禁"》

促进社会公平正义是政法工作的核心价值追求。习近平总书记在中央全面依法治国委员会第一次会议上强调："必须牢牢把握社会公平正义这一法治价值追求，努力让人民群众在每一项法律制度、每一个执法决定、每一宗司法案件中都感受到公平正义。"① 但个别干警贪赃枉法、徇私舞弊、失职渎职等腐败现象时有发生，侵害群众权益，践踏法律尊严，逾越了社会公正的底线。"十个严禁"明确规定，严禁玩忽职守、徇私枉法。新时代政法干警要深刻认识政法系统自身反腐败工作的长期性、复杂性、艰巨性，切实肩负起维护公平正义的神圣职责，牢牢坚持严格执法、公正司法，严肃认真地对待每一起案件，坚决杜绝不忠、不公、不廉、不为行为，确保执法司法权公正高效廉洁运行，让人民群众在每一个司法案件中都感受到公平正义。

---

① 《习近平谈治国理政》（第三卷），外文出版社 2020 年版，第 284 页。

一、增强廉洁意识，严格执法司法

"十个严禁"明确规定，决不允许办"关系案""人情案""金钱案"。这里的"关系案""人情案""金钱案"，是指政法机关或政法干警为了获得某种非法利益，接受他人请求，故意违背客观事实或法律规定，而作出错误裁决的案件；或者虽然没有出现错误裁决的结果，但因违法行为而造成严重后果的案件。在"关系案""人情案""金钱案"中，虽然各有侧重，但往往人情之中有关系，关系之中有人情，人情、关系之中有金钱等物质往来及其他来往。因此，人情、关系、金钱是难以截然分开的，但其扰乱正常执法司法秩序的本质是相同的。广大政法干警要充分认清"关系案""人情案""金钱案"带来的危害，牢固树立"法律红线不能触碰、制度底线不可逾越"的观念，在执法办案活动中恪守法律、规范执法、廉洁秉公、不徇私情，依法独立公正规范行使职权，让人民群众收获更多法治获得感。

构成"关系案""人情案""金钱案"的行为，一般同时具备以下三个条件。

一是为了谋取非法利益。有的当事人虽然无理，但千方百计拉关系走"后门"，甚至给予或许诺给予物质利益或其他好处，目的在于干扰执法司法活动，而执法司法人员的目的在于获取某种额外的非法利益。比如，在办理刘某某涉嫌故意毁坏财物一案中，某市某区检察院承办人张某某受人请托给予关照，并收受被告人家属1台平板电脑。张某某从事检察工作多年，且在公诉科等重要岗位任职，本应更加敬畏法律，然而其经受不住诱惑，不当接触当事人并收受当事人给予的财物，损害了法律权威，破坏了社会公平。

执法司法人员所谋取的非法利益，除物质利益外，有时也谋取了人情方面的精神好处或情感的密切等其他非物质利益。2017年12月，某市某区法院聘任制书记员时某得知，区法院保全了与其丈夫存在借款纠纷的张某某 4 万元执行款，并询问法官马某某如何办理。马某某利用职务便利，帮助时某丈夫立案，参与该案审判调解，对张某某工资、公积金、执行款予以保全，导致其他案件执行程序无法进行。2018 年 5 月，马某某受到记大过处分。马某某无视法定规则，虽然没有收取物质利益，但也借此做了顺水人情，越过了纪律规矩的底线。

二是出于主观上的故意。执法司法人员在办理案件过程中，基于非法目的，在采用证据或适用法律方面，无视客观事实或法律规定，主观上故意弄虚作假、混淆是非，或者是明知不妥而听之任之，从而导致错误办案或者造成其他严重后果。这是"关系案""人情案""金钱案"的重要标志。反之，如果行为人不是出于主观故意，而是由于认知能力有限、办案能力不足、工作不细致等过失而错误认定事实或适用法律不当的，不构成"关系案""人情案""金钱案"。比如，某市检察院朱某某在办理一起贩毒案中，违反证据审查规则，在定罪证据无法证明客观真实性、来源合法性、关联性，不能形成环环相扣的闭环证据链条的情况下，指控被告人曾某某贩卖毒品的犯罪事实，导致法院作出有罪判决。像这一案件就是由于审查不细致、工作能力不足导致的错案，虽然应当受到处理，但不属于"关系案""人情案""金钱案"的范畴。

三是使案件产生了错误裁判的结果或者造成了其他恶劣社会影响。比如，在民事、经济、行政或刑事自诉案件中明显偏袒一方，作出不公正的裁决，损害了一方当事人合法权益；在刑事案件中对被告人定性错误，量刑超幅度畸轻畸重，或虽未超幅度但明显偏低甚至放纵犯罪等，这是构成"关系案""人情案""金钱案"的重要条件。需要注意的是，如果执法司法人员接受了当事人的请求，实施了违纪违法办案的行为，仅由于行为人以外的原因，未导致错案的发生。那么，只要人情、关系、金钱起了作用，在社会上造成了严重影响，也应视作办了"关系案""人情案""金钱案"。2016 年 10 月，某市公安局刑事技术支队法医大队民警周某在办理一起伤害案件中，收取何某 1.5 万元现金。后因未能改变鉴定结论，也未能返还收取的钱款，导致何某上访。2017 年 12 月 28 日，周某向纪委交代了违纪事实，并上交了违纪款。2018 年 1 月，周某受到纪律处分。

在全国政法队伍教育整顿查处的乡科级干警严重违纪违法问题中，"人情案""关系案"占比超过 70%，值得高度重视。[①] 执法司法人员如何面对来自各方面的人情、关系困扰呢？江西省高级人民法院法官胡国运不止一次说过的一句话，能给我们很多启示，那就是"宁愿得罪人，也不能得罪法律"。[②] 这句话提醒广大政法干警：一是要恪守职业良知，把强化公正廉洁的职业道德作为必修课，自觉用职业道德约束自己，涵养惩恶扬善、执法如山的浩然正气；二是要弘扬法治精神、树立法治信仰，增强严格依法办事的观念、法律面前人人平等的观念、尊重和保障人权的观念，肩扛公正天平、手持正义之剑，以实际行动维护社会公平正义。

深度把握

"关系案""人情案""金钱案"自查自纠表

类　别	有无此类情况	情况说明
（1）领导干部对该类问题重视不足、落实领导责任不力，对政法干警教育管理、提醒警示不够，选人用人失察失误。		

---

① 《陈一新：政法战线刀刃向内的自我革命成效明显！》，中国长安网 2021 年 8 月 30 日。

② 胡佳佳、程呈：《法治精神纯粹的践行者——追记江西高院二级高级法官胡国运》，《人民法院报》2020 年 6 月 29 日。

续表

类　别	有无此类情况	情况说明
（2）领导干部和上级司法机关有关负责人对管辖范围的案件办理情况监督不到位，或故意"放水"，导致问题发生。		
（3）接受当事人及相关人员的钱财、请吃、娱乐、旅游以及其他利益。		
（4）有关人员与办案人员攀关系，在执法司法中违规用警、搞权力寻租、以案谋私。		
（5）办案人员在执法司法中接受请托，碍于私情不按规定公正办案、徇私枉法，或向有关人员卖人情、谋求回报。		
（6）办案人员故意在执法司法中宽松软，不作为、乱作为，降格办理，选择性执法。		
（7）办案人员与有关人员串通合谋，在执法司法中显失公平，偏袒一方。		
（8）办案人员搞权权、权钱、权色交易，为案件有关人员谋取不当利益。		

类　别	有无此类情况	情况说明
（9）违反相关制度，与当事人进行不正当交往。		
（10）违反规定插手、干预、过问、打听他人办理的案件，或者向单位领导、具体承办人打招呼、说情。		
（11）徇私情、谋私利，与相关人员恶意串通、弄虚作假、违规操作。		
（12）违反规定乱收费、乱罚款，为小团体和个人谋取私利。		
（13）其他涉及"关系案""人情案""金钱案"的行为。		

（资料来源：根据各地政法队伍教育整顿顽瘴痼疾专项整治"开门搞整顿"的公告等整理）

依据参考

关于严禁办"关系案""人情案""金钱案"的有关规定要求

《中共中央关于全面推进依法治国若干重大问题的决定》

坚决破除各种潜规则，绝不允许法外开恩，绝不允许办关系案、人情案、金钱案。坚决反对和克服特权思想、衙门作风、霸道作风，坚决反对和惩治粗暴执法、野蛮执法行为。对司法领域的腐败零容忍，坚决清除害群之马。

《中华人民共和国法官法》

第三条　法官必须忠实执行宪法和法律，维护社会公平正义，全心全意为人民服务。

第四条　法官应当公正对待当事人和其他诉讼参与人，对一切个人和组织在适用法律上一律平等。

第五条　法官应当勤勉尽责，清正廉明，恪守职业道德。

第六条　法官审判案件，应当以事实为根据，以法律为准绳，秉持客观公正的立场。

第十条　法官应当履行下列义务：

（一）严格遵守宪法和法律；

（二）秉公办案，不得徇私枉法；

……

《中华人民共和国检察官法》

第三条　检察官必须忠实执行宪法和法律，维护社会公平正义，全心全意为人民服务。

第四条　检察官应当勤勉尽责，清正廉明，恪守职业道德。

第十条　检察官应当履行下列义务：

（一）严格遵守宪法和法律；

（二）秉公办案，不得徇私枉法；

……

《中华人民共和国人民警察法》

第二十条　人民警察必须做到：

（一）秉公执法，办事公道；

……

第二十二条　人民警察不得有下列行为：

······

（三）弄虚作假，隐瞒案情，包庇、纵容违法犯罪活动；

······

（六）敲诈勒索或者索取、收受贿赂；

······

（八）违法实施处罚或者收取费用；

（九）接受当事人及其代理人的请客送礼；

······

案例解析

疏于履职致脱管，编造档案被处分

2015 年 3 月，某镇司法所所长金某在社区矫正工作中接受社区矫正对象张某家人的宴请，不按照规定严格履行工作职责，对张某的日常监管流于形式，导致张某脱离监管，在社区矫正期间重新犯罪。金某为逃避责任，编造张某接受社区矫正的档案。金某违反廉洁纪律、工作纪律，接受管理服务对象宴请；未正确履行社区矫正工作职责，导致辖区矫正人员脱管且再次犯罪；为逃避责任编造社区矫正档案。经县纪委研究决定给予金某党内严重警告处分。

解析

执法司法人员处于社会的大环境中，当事人说情的渠道也是多方位的。"特殊""特别""太多""关照"，这些沉重的词汇既折射出政法干部责任之重、权力之大，也反映出面临的诱惑之多。

本案中，金某因为服务对象的一顿宴请，就心存侥幸疏于管理，不按照规定定期到张某的家庭和居住地了解、核实其思想动态及现实表现，也没有根据张某的表现进行考核管理，导致张某重新犯罪的严重后果。尤其是在案发后，金某编造张某接受社区矫正的档案，弄虚作假、欺骗组织，自以为行为隐蔽、方法巧妙、手段高明，但最终仍然受到党规党纪的处罚。

习近平总书记在《〈中共中央关于全面推进依法治国若干重大问题的决定〉的说明》中强调，"法律的生命力在于实施，法律的权威也在于实施。"① 如果有了法律而不实施、束之高阁，或者实施不力、做表面文章，那制定再多法律也无济于事。应该说，我国关于社区矫正的法律法规和规范性文件非常健全，但到了金某这里却没有严格执行，成为印在纸上、挂在墙上的摆设，给权力寻租留下了空间。制度是用来执行的，如果执行不力，那再好再多的制度也没有用。这就要求广大政法干警必须牢固树立法治意识、制度意识、纪律意识，时时处处以法规制度为准绳，自觉尊崇、坚决维护、严格执行法规制度，始终按照法规制度履行职责、开展工作，最大限度地把法规制度的威力转化为厉行法治、推进善治的强大效能。

二、办案不枉不纵，杜绝法外开恩

《中共中央关于全面推进依法治国若干重大问题的决定》指出："公正是法治的生命线。司法公正对社会公正具有重要引领作用，司法不公对社会公正具有致命破坏作用。"有案不立、压案不查、有罪不究是现阶段制约执法司法公正，影响司法公平正义的突出问题，被列为第一批政法队伍教育整顿聚焦的"六大顽瘴痼疾"之一，"十个严禁"也将其纳入禁止性规定。有案不立、压案不查、有罪不究违反法定程序要

---

① 中共中央宣传部、中央全面依法治国委员会办公室编：《习近平法治思想学习纲要》，人民出版社、学习出版社 2021 年版，第 83 页。

求，可能导致变相放纵犯罪，加剧犯罪嫌疑人逃跑、隐匿、毁灭罪证和窝藏、转移、处分涉案财产的风险，进而影响公平正义的及时有效实现。广大政法干警要严格遵守程序法定原则，高度关注群众法治诉求，坚决消除玩忽职守、失职渎职、敷衍塞责行为，从而不断提升执法司法公信力，维护社会公平正义。

第一，有案不立。一些干警出于追求低发案率、高破案率、利益输送、人情关系等考虑，在立案上采取"不破不立""先破后立"，甚至不惜"有案不立"。某市开发区分局下辖派出所在办案中，有的未按照首接负责制规定和执法程序受理立案，也没有及时对犯罪嫌疑人开展调查和抓捕，有的未督促被害人及时做法医鉴定，导致刑事案件线索流失。2020年10月，该所所长李某某由于督导检查不够，疏于管理、履职不力而受到党内警告处分，其他有关责任人员受到相应处理。

在基层，还有一种情况偶有发生，值得警惕。在处理没收赌资、罚款或嫖娼人员时，少数干警抓住对方好"面子"的心态，有案不立，一律"私了"，以罚代刑。2011年8月至2015年12月，某县公安局某派出所所长邵某利用职务便利，将收缴的部分赌资、罚款列入"小金库"，而辖区内发生的聚众赌博案件，绝大部分没有按程序立案侦查。

第二，压案不查。"迟来的正义非正义。"这句西方流行的谚语或许并不完全准确，但迟到的正义最起码已经大打折扣。群众打官司，除了要求得到公平公正的结果以外，还希望案子快捷迅速地得到处理。司法实践中，一些案件在办理过程中，超期羁押、审限超期、久押不决……既不了结又不向前推进，很长时间不出结果，有些是客观原因，有些是人为因素。2015年1月，某县法院法官郭某某在审理一起财产损害赔偿纠纷案中，未在规定期限办理案件，向当事人送达裁定超出法定期限近10个月，并伪造主管院长和主管庭长签字拖延办案，私自下发了中止裁定书。　2018年4月，郭某某受到行政记大过处分，退出法官员额，调离审判岗位。

第三，有罪不究。在案件办理过程中，由于法律专业性较强、信息涉密、专业能力不足、人员在逃、另案处理等原因，导致出现执法司法随意性大、有罪不究的情形。某地检察院的检察官牟某某在2017年底办理魏某某交通肇事案件中，虽然魏某某具有自首、积极赔偿被害人近亲属并达成刑事和解、初犯、偶犯等情节，但牟某某却"忽略"了案发时魏某某血液乙醇浓度达到222毫克/100毫升，且醉驾后发生交通事故致人死亡的情节，提出酌定不起诉的意见，导致魏某某被不起诉。经调查，这样的不起诉决定明显处理畸轻，在政法队伍教育整顿期间，检察官牟某某主动向组织说明问题。

造成有案不立、压案不查、有罪不究的原因是多方面的。有的是相关政法干警责任心不强、存在畏难心理；有的是办案人员甚至相关领导干部被违法犯罪人员收买、"围猎"，故意包庇纵容违法犯罪人员；还有的是一些案件中检察机关等部门应有的监督作用没有充分发挥。广大政法干警要扛牢执法司法责任，勇于同各种违法犯罪行为作斗争，严格执行首接负责、立案期限、信息公开等制度，在执法司法活动中做到不枉不纵、罚当其罪，对司法腐败行为坚决加以抵制，避免违法犯罪人员"逍遥法外""罚不当罪"或被害人"诉求无望""救济无门"的情形出现。

深度把握

有案不立、压案不查、有罪不究的整治重点

情形	公安机关	检察机关	审判机关
有案不立	（1）警情未依法及时分流；（2）对群众上门报案，未落实"三个当场"（当场接报案登记、当场接受证据材料、当场出具接报案回执并告知查询案件进展情况的方式和途径）要求，接报案后该受不受、该立不立；（3）违法受案立案；（4）对受立案情况不按规定录入执法办案信息系统，在系统外流转案件等问题。	（1）对控告、举报不依法受理，或者受理后不及时移送本院相关部门；（2）对公安机关应立案而不立案，监督不力；（3）在办案中发现司法工作人员涉嫌职务犯罪线索不及时移送相关部门；（4）对群众举报、控告或者相关部门转交的司法工作人员职务犯罪线索，应当受理而不受理；（5）对司法工作人员构成职务犯罪应当立案而不立案；（6）对于刑事、民事、行政申诉不依法受理；（7）对可能损害国家利益或者社会公共利益的案件线索，不及时审查；（8）对案件线索受理、立案情况不按规定录入检察机关统一业务应用系统，出现体外循环等问题。	（1）对符合法律规定的起诉、自诉和申请，未依法接收诉状并在规定期限内立案；（2）对提交的起诉材料不符合形式要件，未以书面形式一次性全面告知应当补正材料和期限；（3）对不符合法律规定的起诉，不接收材料、不给予答复、不出具法律文书；（4）人为拖延立案、控制立案等问题。

情形	公安机关	检察机关	审判机关
压案不查	（1）履行法定侦查（调查）职责懈怠，受立案后不依法及时开展侦查（调查）取证工作，不依法及时采取强制措施；（2）对经侦查不构成犯罪的刑事案件，不及时依法撤销案件、终止侦查；（3）对发现新的犯罪线索，不依法立案侦查或者继续侦查；（4）未依法及时解除取保候审、监视居住，取保候审保证金不及时退还；（5）对检察机关要求补充侦查不及时执行回复；（6）行政处罚案件应当处罚而不处罚或者降格处罚的、决定治安拘留无正当理由不执行的、不属于调解范围而以调代处的，对办理刑事案件中发现需要行政处理的不依法处理或者移交有关部门等问题。	（1）立案后懈怠侦查，不及时开展侦查取证工作；（2）发现新的职务犯罪线索，不依法立案侦查或者继续侦查；（3）对刑事检察部门要求补强证据、补充侦查不按规定期限补查完毕；（4）符合逮捕、起诉条件不及时批捕、提起公诉；（5）对于刑事、民事、行政申诉和公益诉讼案件受理后不及时进行审查、核查等问题。	（1）未依法在规定期限内向当事人送达起诉状副本、传票及其他法律文书；（2）审限变更的申请和批准不符合规定；（3）案件中有可供执行财产而不执行；（4）诉前、诉讼保全过程中，超标的、超范围、超时限采取保全措施；（5）消极执行，查询、评估、处置财产及发放执行款物不及时，虚假终本报结；（6）严重超审限等拖延审判问题。

情形	公安机关	检察机关	审判机关
有罪不究	（1）符合移送起诉条件不及时移送起诉；（2）违规取保候审；（3）取保候审、监视居住后侦查取证工作懈怠，保而不侦、以保代侦；（4）刑事案件降格为行政案件办理等问题。	（1）符合逮捕条件不批准或者不决定逮捕；（2）依法需要追究刑事责任但作撤案或者不起诉处理；（3）依法需要追究刑事责任但减少事实或者变更罪名起诉，重罪轻诉；（4）对人民法院定性错误、量刑畸轻畸重案件未依法提出抗诉；（5）发现漏罪、漏犯不依法追究等问题。	（1）对依法应当判决有罪的案件，违法宣告无罪；（2）对于不符合法律规定的情形，判处免予刑事处罚；（3）对于没有从轻或减轻情节，降格量刑等问题。

（资料来源：综合各地关于有案不立、压案不查、有罪不究的整治重点公告等整理）

依据参考

关于严禁有案不立、压案不查、有罪不究的有关规定要求

《中华人民共和国刑事诉讼法》

第一百一十二条　人民法院、人民检察院或者公安机关对于报案、控告、举报和自首的材料，应当按照管辖范围，迅速进行审查，认为有犯罪事实需要追究刑事责任的时候，应当立案；认为没有犯罪事实，或者犯罪事实显著轻微，不需要追究刑事责任的时候，不予立案，并且将不立案的原因通知控告人。控告人如果不服，可以申请复议。

第一百一十三条　人民检察院认为公安机关对应当立案侦查的案件而不立案侦查的，或者被害人认为公安机关对应当立案侦查的案件而不

立案侦查，向人民检察院提出的，人民检察院应当要求公安机关说明不立案的理由。人民检察院认为公安机关不立案理由不能成立的，应当通知公安机关立案，公安机关接到通知后应当立案。

第一百一十四条　对于自诉案件，被害人有权向人民法院直接起诉。被害人死亡或者丧失行为能力的，被害人的法定代理人、近亲属有权向人民法院起诉。人民法院应当依法受理。

《人民法院工作人员处分条例》

第四十七条　故意违反规定拖延办案的，给予警告、记过或者记大过处分；情节较重的，给予降级或者撤职处分；情节严重的，给予开除处分。

第四十八条　故意拖延或者拒不执行合议庭决议、审判委员会决定以及上级人民法院判决、裁定、决定、命令的，给予警告、记过或者记大过处分；情节较重的，给予降级或者撤职处分；情节严重的，给予开除处分。

第四十九条　私放被羁押人员的，给予记大过处分；情节较重的，给予降级或者撤职处分；情节严重的，给予开除处分。

《检察人员纪律处分条例》

第九十条　有重大过失，不履行或者不正确履行司法办案职责，造成下列后果之一的，给予警告、记过或者记大过处分；情节较重的，给予降级或者撤职处分；情节严重的，给予开除处分：

（一）认定事实、适用法律出现重大错误，或者案件被错误处理的；

（二）遗漏重要犯罪嫌疑人或者重大罪行的；

……

（四）犯罪嫌疑人、被告人串供、毁证、逃跑的；

……

《中华人民共和国警察法》

第二十二条　人民警察不得有下列行为：

……

（三）弄虚作假，隐瞒案情，包庇、纵容违法犯罪活动；

......

案例解析

收了好处费，数罪变一罪

2016年5月9日，涉黑团伙成员符某某等人在一家酒吧与杨某某一伙人发生冲突并被打伤。后来，符某某得知杨某某一伙人在附近吃夜宵，便伙同他人赶到现场并持枪向杨某某等人射击，并追打杨某某等人。当地检察院温某某在办理该案过程中，接受他人对符某某从轻处理的请托，并收受1万元好处费。温某某在审查起诉过程中未对符某某伙同他人寻衅滋事的事实与依据进行退查核实，仅追究符某某非法持有枪支罪，导致符某某数罪变一罪。2020年12月22日，温某某因犯徇私枉法罪被法院判处有期徒刑2年8个月。

解析

有案不立、压案不查、有罪不究违反法定程序、实质正义的要求，可能导致变相放纵犯罪。特别是对于有被害人的犯罪，因执法司法机关怠于履行依法追究犯罪的法定职责，不仅直接导致被害人救济无门，还将严重影响执法司法的公正性和公信力。

刑事诉讼法第175条第1款、第2款规定："人民检察院审查案件，可以要求公安机关提供法庭审判所必需的证据材料；认为可能存在本法第五十六条规定的以非法方法收集证据情形的，可以要求其对证据收集的合法性作出说明。人民检察院审查案件，对于需要补充侦查的，可以退回公安机关补充侦查，也可以自行侦查。"本案中，温某某在办理案件过程中，接受他人对符某某从轻处理的请托，在审查起诉过程中未对符某某伙同他人寻衅滋事的事实与依据进行退查核实，也没有开展自行侦查，仅追究符某某非法持有枪支罪，导致符某某数罪变一罪，是一种有罪不究的典型表现。

那么，如何解决有罪不究的问题呢？一方面，广大政法干警要对已经办理的案件开展"回头看"，积极开展自查自纠，解决一批执法不公正、司法不廉洁、遇事不担当的问题；另一方面，要进一步增强主动接受检察机关监督的意识，充分重视人大代表、政协委员、律师等社会监督力量的作用，使公平正义更加可见、可感、可触及。

三、规范刑罚执行，守护公平正义

减刑、假释、暂予监外执行等制度的适用是为了贯彻宽严相济的刑事政策，最大限度发挥刑罚的功能。近年来，司法机关之间既分工配合又相互制约，确保刑罚执行工作依法有序进行，共同维护司法公正。同时，我们还要看到，刑罚执行活动还存在一些问题，导致少数案件处理结果不够公正，其中一些案件甚至存在徇私舞弊、司法不廉等现象，严重损害了司法权威和公信力。对此，"十个严禁"明确规定，决不允许违规违法办理减刑、假释、暂予监外执行。

从存在问题来看，突出表现在职务犯罪、金融犯罪、涉黑犯罪等"三类罪犯"上，他们较之普通罪犯减刑间隔时间短、减刑幅度大，假释和暂予监外执行比例高，有的罪犯采取假计分、假立功、假鉴定等手段违法获取减刑、假释、暂予监外执行。针对这一情况，在政法队伍教育整顿期间，司法部制定出台了监狱计分考核罪犯工作规定，针对考核内容单一、唯分是举、奖励标准过低等问题，对监狱计分考核进一步规范。

从薄弱环节来看，就减刑、假释而言，暴露出来的问题主要包括：减刑、假释案件过于依赖刑罚执行机关报请的材料，检察机关、审判机关的职能作用没有得到充分发挥，不少案件审理流于形式，监督缺乏有效手段，导致有的案件关键事实未能查清，矛盾和疑点被放过，甚至一些虚假证据得以蒙混过关，个别案件还引发了负面舆情，造成不良社会影响。[①] 2008年4月至2012年2月，乔某在担任某监狱分监区长职务期间，非法收取好处费，隐瞒罪犯李某长期私藏并使用现金的严重违纪行为，给予其每月考核分上限15分、监狱改造积极分子等奖励，并于2010年12月捏造材料为李某报请减刑，使其于2011年5月被法院裁定减去有期徒刑1年7个月。同时乔某还涉嫌其他犯罪，2015年12月，法院认定乔某犯受贿罪、徇私舞弊减刑罪以及滥用职权罪，数罪并罚，决定执行有期徒刑2年6个月。

就暂予监外执行而言，主要是疾病诊断鉴定环节，容易出现假鉴定等问题。在王某某犯故意杀人罪"纸面服刑"7年案件[②]的查办中，经某自治区纪委监委调查，该自治区监狱管理局某医院原副院长王某某等人，多次违背事实、隐瞒真相，违规出具《呈请罪犯保外就医病情危重报告书》《罪犯保外就医病情鉴定意见书》等相关规范性文件，除第一次保外就医外，其余历次保外就医、暂予监外执行均不符合法定条件。

存在以上问题及薄弱环节，既有客观原因，又有主观原因。一是实体条件执行不够严格。有的干警没有正确理解和贯彻宽严相济刑事政策，把法律规定的"可以"减刑、假释、暂予监外执行，理解为"应当"或者"必须"，对减刑、假释、暂予监外执行的实体条件执行不够严格。二是案件办理程序不够公开透明。减刑、假释、暂予监外执行案件的办理主要在政法机关内部进行，公开开庭审理的比率较低，相关裁决结果也很少对外公开。三是存在人为因素。个别执法司法人员徇私舞弊、权钱交易、失职渎职，导致违法违规办理减刑、假

---

① 《两高两部联合发布〈关于加强减刑、假释案件实质化审理的意见〉》，央广网2021年12月8日。

② 因犯故意杀人罪本应在监狱服刑的王某某，却在狱外活动长达7年时间，旅游、工作、结婚、生子，样样都没有落下。王某某逍遥法外的原因，与呼伦贝尔男子巴图孟和"纸面服刑"15年相似，都是通过保外就医这一方式。

释、暂予监外执行情形屡有发生。

经过政法队伍教育整顿，各地大排查、大起底，坚决整改 20 世纪 90 年代以来利用"假立功、假专利、假病历"等违规违法案件，违规违法减刑、假释、暂予监外执行问题已得到有效整治。下一步，防止"火速减刑""提'钱'出狱""纸面服刑"等问题的发生，关键在于强化对"减假暂"案件的实质化审查。广大政法干警在办案过程中，要严格执行《关于加强减刑、假释案件实质化审理的意见》，牢固树立证据意识，做到"见人见事见证据"，确保实体程序经得起检验。特别是对连续"踩点"减刑或顶格减刑案件，在办案中要查清是否存在随意记分、加分情况；对立功减刑案件，要查清是否存在虚假立功、重大立功问题；对因身体原因暂予监外执行案件，要查清病情鉴定、诊断证明是否真实，鉴定程序是否合法，确保公开公正。

深度把握

如何把握减刑、假释案件的实体条件

实体条件	具体界定
"确有悔改表现"	"确有悔改表现"是指同时具备以下条件： （1）认罪悔罪； （2）遵守法律法规及监规，接受教育改造； （3）积极参加思想、文化、职业技术教育； （4）积极参加劳动，努力完成劳动任务。 对职务犯罪、破坏金融管理秩序和金融诈骗犯罪、组织（领导、参加、包庇、纵容）黑社会性质组织犯罪等罪犯，不积极退赃、协助追缴赃款赃物、赔偿损失，或者服刑期间利用个人影响力和社会关系等不正当手段意图获得减刑、假释的，不认定其"确有悔改表现"。

实体条件	具体界定
"立功表现"	罪犯在刑罚执行期间的申诉权利应当依法保护，对其正当申诉不能不加分析地认为是不认罪悔罪。具有下列情形之一，可以认定为有"立功表现"： （1）阻止他人实施犯罪活动的； （2）检举、揭发监狱内外犯罪活动，或者提供重要的破案线索，经查证属实的； （3）协助司法机关抓捕其他犯罪嫌疑人的； （4）在生产、科研中进行技术革新，成绩突出的； （5）在抗御自然灾害或者排除重大事故中，表现积极的； （6）对国家和社会有其他较大贡献的。 第（4）项、第（6）项中的技术革新或者其他较大贡献应当由罪犯在刑罚执行期间独立或者为主完成，并经省级主管部门确认。
"重大立功表现"	具有下列情形之一的，应当认定为有"重大立功表现"： （1）阻止他人实施重大犯罪活动的； （2）检举监狱内外重大犯罪活动，经查证属实的； （3）协助司法机关抓捕其他重大犯罪嫌疑人的； （4）有发明创造或者重大技术革新的； （5）在日常生产、生活中舍己救人的； （5）在抗御自然灾害或者排除重大事故中，有突出表现的； （6）对国家和社会有其他重大贡献的。 第（4）项中的发明创造或者重大技术革新应当是罪犯在刑罚执行期间独立或者为主完成并经国家主管部门确认的发明专利，且不包括实用新型专利和外观设计专利；第（7）项中的其他重大贡献应当由罪犯在刑罚执行期间独立或者为主完成，并经国家主管部门确认。

（资料来源：根据《最高人民法院关于办理减刑、假释案件具体应用法律的规定》等整理）

依据参考

关于严禁违规违法办理减刑、假释、暂予监外执行的
有关规定要求

《中华人民共和国刑法》

第四百零一条 司法工作人员徇私舞弊，对不符合减刑、假释、暂予监外执行条件的罪犯，予以减刑、假释或者暂予监外执行的，处三年以下有期徒刑或者拘役；情节严重的，处三年以上七年以下有期徒刑。

《中华人民共和国监狱法》

第二十六条 暂予监外执行，由监狱提出书面意见，报省、自治区、直辖市监狱管理机关批准。批准机关应当将批准的暂予监外执行决定通知公安机关和原判人民法院，并抄送人民检察院。

人民检察院认为对罪犯适用暂予监外执行不当的，应当自接到通知之日起一个月内将书面意见递交批准暂予监外执行的机关，批准暂予监外执行的机关接到人民检察院的书面意见后，应当立即对该决定进行重新核查。

第三十条 减刑建议由监狱向人民法院提出，人民法院应当自收到减刑建议书之日起一个月内予以审核裁定；案情复杂或者情况特殊的，可以延长一个月。减刑裁定的副本应当抄送人民检察院。

第三十一条 被判处死刑缓期二年执行的罪犯，在死刑缓期执行期间，符合法律规定的减为无期徒刑、有期徒刑条件的，二年期满时，所在监狱应当及时提出减刑建议，报经省、自治区、直辖市监狱管理机关审核后，提请高级人民法院裁定。

第三十二条 被判处无期徒刑、有期徒刑的罪犯，符合法律规定的假释条件的，由监狱根据考核结果向人民法院提出假释建议，人民法院应当自收到假释建议书之日起一个月内予以审核裁定；案情复杂或者情况特殊的，可以延长一个月。假释裁定的副本应当抄送人民检察院。

第三十四条 对不符合法律规定的减刑、假释条件的罪犯，不得以任何理由将其减刑、假释。

人民检察院认为人民法院减刑、假释的裁定不当，应当依照刑事诉讼法规定的期间向人民法院提出书面纠正意见。对于人民检察院提出书面纠正意见的案件，人民法院应当重新审理。

《关于加强减刑、假释案件实质化审理的意见》

1. 坚持全面依法审查。审理减刑、假释案件应当全面审查刑罚执行机关报送的材料，既要注重审查罪犯交付执行后的一贯表现，同时也要注重审查罪犯犯罪的性质、具体情节、社会危害程度、原判刑罚及生效裁判中财产性判项的履行情况等，依法作出公平、公正的裁定，切实防止将考核分数作为减刑、假释的唯一依据。

2. 坚持主客观改造表现并重。审理减刑、假释案件既要注重审查罪犯劳动改造、监管改造等客观方面的表现，也要注重审查罪犯思想改造等主观方面的表现，综合判断罪犯是否确有悔改表现。

3. 坚持严格审查证据材料。审理减刑、假释案件应当充分发挥审判职能作用，坚持以审判为中心，严格审查各项证据材料。认定罪犯是否符合减刑、假释法定条件，应当有相应证据予以证明；对于没有证据证实或者证据不确实、不充分的，不得裁定减刑、假释。

《最高人民法院关于减刑、假释案件审理程序的规定》

第六条 人民法院审理减刑、假释案件，可以采取开庭审理或者书面审理的方式。但下列减刑、假释案件，应当开庭审理：

（一）因罪犯有重大立功表现报请减刑的；

（二）报请减刑的起始时间、间隔时间或者减刑幅度不符合司法解释一般规定的；

（三）公示期间收到不同意见的；

（四）人民检察院有异议的；

（五）被报请减刑、假释罪犯系职务犯罪罪犯，组织（领导、参加、包庇、纵容）黑社会性质组织犯罪罪犯，破坏金融管理秩序和金融诈骗犯罪罪犯及其他在社会上有重大影响或社会关注度高的；

（六）人民法院认为其他应当开庭审理的。

《公安机关办理刑事案件程序规定》

第三百零五条　对依法留看守所执行刑罚的罪犯，符合减刑条件的，由看守所制作减刑建议书，经设区的市一级以上公安机关审查同意后，报请所在地中级以上人民法院审核裁定。

第三百零六条　对依法留看守所执行刑罚的罪犯，符合假释条件的，由看守所制作假释建议书，经设区的市一级以上公安机关审查同意后，报请所在地中级以上人民法院审核裁定。

第三百零七条　对依法留所执行刑罚的罪犯，有下列情形之一的，可以暂予监外执行：

（一）有严重疾病需要保外就医的；

（二）怀孕或者正在哺乳自己婴儿的妇女；

（三）生活不能自理，适用暂予监外执行不致危害社会的。

对罪犯暂予监外执行的，看守所应当提出书面意见，报设区的市一级以上公安机关批准，同时将书面意见抄送同级人民检察院。

对适用保外就医可能有社会危险性的罪犯，或者自伤自残的罪犯，不得保外就医。

对罪犯确有严重疾病，必须保外就医的，由省级人民政府指定的医院诊断并开具证明文件。

〔案例解析〕

暂予监外执行是这样"办成"的

2013年，方某在缓刑执行期间因诈骗罪被判处有期徒刑7年。后方某以患有严重疾病为由，请求法院对其裁定暂予监外执行。2016年11

月，镇司法所所长刘某接受方某家人的行贿后，在办理暂予监外执行审前社会调查过程中，独自一人向方某安排的公司员工作了关于方某被暂予监外执行不会对周围社会环境带来影响或对他人人身安全带来威胁或危险的调查笔录。同时，刘某在明知民警签署的意见隐瞒方某有犯罪前科，且在缓刑考验期内再犯罪事实的情况下，认定方某适用监外执行。2016 年 12 月 29 日，根据评估意见，法院对罪犯方某出具了监外执行决定书。2017 年 1 月，方某到司法所接受社区矫正时送给刘某两幅名贵书画。另外，刘某在为方某办理审前社会调查期间接受了宴请。法院经审理认为，刘某行为构成徇私舞弊暂予监外执行罪。

解析

违规违法减刑、假释、暂予监外执行是全国政法队伍教育整顿集中整治的"六大顽瘴痼疾"之一。近年来发生的"孙小果案""郭文思案""纸面服刑案"等违规违法案件，引起社会高度关注。

本案中，在罪犯方某违法暂予监外执行案件中，刘某身为司法工作人员，利用职务上的便利，徇私舞弊，接受当事人宴请和财物，隐瞒方某有犯罪前科及在缓刑考验期内再犯罪的事实，导致不符合暂予监外执行条件的罪犯被暂予监外执行，其行为符合徇私舞弊暂予监外执行罪的构成要件。

我们需要关注的是，本案从社区民警到司法所、社区矫正局层层失守，没有如实反映方某的客观情况，揣着明白装糊涂，把暂予监外执行审查的过程当作走形式、走过场，最后导致法院对罪犯方某出具了监外执行决定书。从根本上改变违规违法"减假暂"现象，最为重要的还是要求办案人员从各环节加强实质审查，即从提请、社会调查、检察监督、法院审理，均按照案件办理实质化、监督制约实质化的要求，坚持实体与程序并重，既审查证据材料的"有、无"、还审查证据材料的"真、伪"，推动注重"要件审查""书面审查"向注重"实质审查"转变。

学　习　思　考

1. "关系案""人情案""金钱案"的构成要件有哪些？

2. 如何从根本上减少消除"关系案""人情案""金钱案"？

3. 结合本职工作，简要列举有案不立、压案不查、有罪不究的整治重点包括哪些内容？

4. 违规违法办理减刑、假释、暂予监外执行的原因有哪些？

5. 如何整治违规违法办理减刑、假释、暂予监外执行行为？

第六讲　恪守职业操守，决不违规营利

> 　　严禁违规参与营利活动。决不允许违规经商办企业、违规参股借贷，纵容默许配偶、子女及其配偶违规从事经营活动，利用职权或影响力谋取私利。
>
> 　　　　　　　　　　——《新时代政法干警"十个严禁"》

　　为政不移公仆之心、用权不谋一己之私。习近平总书记强调："鱼和熊掌不可兼得，当官发财两条道，当官就不要发财，发财就不要当官。"[①] 这为政法干警正确对待公与私、权与利的关系，正确处理政商关系、权钱关系指明了方向、划定了红线、提供了遵循。在工作生活中，有的政法干警利用公权力违规从事各种营利活动，利用职务之便获取非法收入，侵蚀了公权力行使的廉洁性。因此，"十个严禁"明确规定"严禁违规参与营利活动"。新时代政法干警要增强纪律和规矩意识，严格执行有关规定，注重家庭、家教、家风，管好配偶子女等亲属，始终保持严以律己、清正廉洁的政治品格。

---

　　① 《习近平谈治国理政》（第二卷），外文出版社 2017 年版，第 148 页。

一、经住诱惑，不违规经商借贷

现实中，政法机关与市场经济会发生直接联系，一些特种行业需要行政许可，政法干警违规从事营利活动，不仅损害职务廉洁性，也严重破坏营商环境。在近年来各地发布的通报中，政法干警违规从事营利活动的问题屡见不鲜。"十个严禁"规定，"决不允许违规经商办企业、违规参股借贷"。具体来说，主要包括以下五种类型。

一是违规经商。所谓"经商办企业"，主要是指经营商业、兴办企业，其形式既包括个人独资经商办企业，与他人合资、合股、合作、合伙经商办企业，也包括私自以承包、租赁、受聘等方式经商办企业等。① 经商办企业的主观目的是获取经济利益或者利润，而不论经商办企业的客观结果是否营利。某市某区检察院法警大队大队长胡某某，以其女儿胡某的名义，与李某等 5 人共同出资，成立农业发展公司，并担任公司执行董事，参与公司经营业务，违规从事营利性活动，违反廉洁纪律。 2019 年 7 月，胡某某受到党内警告处分。

二是违规持股。违规拥有非上市公司的股份或者证券，是一种变相的经商办企业行为，是党的纪律所不允许的。 2014 年 3 月，某县司法局党组成员、工会主席史某某投资一家投资管理有限公司，认缴数额为 900 万元，实际未出资。史某某因此受到党内严重警告处分，其投资入股企业问题已清理。

三是违规兼职取酬。违规兼职、兼职取酬违纪行为，在客观方面包括违反规定，未经批准在经济实体、社会团体等单位中兼职，同时也包括经批准兼职但违规取酬的行为。政法干警违反规定兼职，可能会利用职权或

---

① 中共中央纪律检查委员会法规室、中华人民共和国国家监察委员会法规室编:《〈中国共产党纪律处分条例〉释义》，中国方正出版社 2018 年版，第 257 页。

工作之便，化公为私、损公肥私、以权谋私、权钱交易。2018年9月至2019年7月，某市司法局科员李某某未经批准，擅自在某学校兼职任教，未经规定程序推荐审核担任该校法治副校长，并接受该校为其本人汽车加油，油费共计0.57万元。2019年12月，市纪委监委将上述问题与李某某其他违纪行为合并处理，给予党内严重警告、政务撤职处分。

四是从事有偿中介。所谓"有偿中介活动"，一般是指通过为销售方和购买方、服务人和服务对象双方沟通信息、提供便利而收取钱物的一种经济活动。有的政法干警虽未直接经商办企业，但利用职权和工作之便，从事有偿中介活动，居间牟利，这会扰乱市场经济秩序，影响政法干警秉公办事、秉公执法，诱发以权谋私、权钱交易。2020年1月，某市交警支队纪检督察室通报称，车管所存在非法中介，已开除3名有利益输送的辅警。

五是参与违规借贷。违规借贷行为在客观方面表现为通过民间借贷等金融活动获取大额回报，影响公正执行公务。某市中级人民法院原党组副书记、副院长孙某某曾先后8次参与民间借贷获利近200万元；有的15天，获利18万元；有的4天，获利3.6万元；有的10天，获利9万元……世上没有无缘无故的示好，本行为实际上出借的是手中的权力，本质是公权的异化和滥用。作为回报，孙某某利用职权，为借贷人所涉案件说情打招呼。2019年9月，孙某某被法院判处有期徒刑11年6个月。

违规经商办企业、违规参股借贷行为，不仅成为滋生腐败的温床，也给群众利益带来严重损害。这就要求广大政法干警端正思想认识，保持清醒头脑，把纪律和规矩挺在前面、守住纪律规矩的底线，建立"亲而有度""清而有为"的政商关系，淡泊名利、清爽做事，切不可为一己私利挑战党纪党规，绝不能边做"官"、边经商，公私不分，利用职权或职务上的影响谋取私利，破坏社会公平。唯有如此，才能防止歪风邪气近身附体，才能行稳致远、有所作为。

深度把握

如何准确区分违规经商办企业与其他类似情形

具体情形		认定标准
区分正常投资与违规经商办企业	持有上市公司公开发行的股票并在股东名册予以登记的	只要不属于内幕交易或者泄露内幕信息、公款或者违规借用资金炒股等情形，即符合相关规定，但需要在个人事项申报表中予以申报。
	持有非上市公司股份的	予以禁止。
区分工商登记信息与实际经营情况	隐名经营	工商登记资料中显示的人员为普通社会人员，但实际经营者为党政机关、事业单位或国有企业领导干部的，认定其构成违规经商办企业。
	工商登记为党政干部，但实际并非由其进行经营的	如果当事人明知他人用于注册公司，仍将自己的身份证借给他人用于注册公司，可灵活运用"四种形态"给予批评教育处理。如果本人不知情，则按失实了结处理，并督促当事人注销或撤出公司。
区分家庭企业与普通企业		一是身份证件借给家人注册公司，当事人出借时是否明知或当时不知情事后知情时是否采取阻止措施。二是出资方式是否能够区分是个人出资还是家庭财产共同出资。三是收益如何处置，是否计入家庭共同财产共同使用。四是是否参与公司的经营管理及参与到何种程度，以及是否为公司经营提供帮助。

（资料来源：根据《中共中央、国务院关于进一步制止党政机关和党政干部经商、办企业的规定》等整理）

依据参考

关于严禁违规经商办企业、违规参股借贷的有关规定要求

《中国共产党纪律处分条例》

第九十四条 违反有关规定从事营利活动，有下列行为之一，情节较轻的，给予警告或者严重警告处分；情节较重的，给予撤销党内职务或者留党察看处分；情节严重的，给予开除党籍处分：

（一）经商办企业的；

（二）拥有非上市公司（企业）的股份或者证券的；

（三）买卖股票或者进行其他证券投资的；

（四）从事有偿中介活动的；

（五）在国（境）外注册公司或者投资入股的；

（六）有其他违反有关规定从事营利活动的。

利用参与企业重组改制、定向增发、兼并投资、土地使用权出让等决策、审批过程中掌握的信息买卖股票，利用职权或者职务上的影响通过购买信托产品、基金等方式非正常获利的，依照前款规定处理。

违反有关规定在经济组织、社会组织等单位中兼职，或者经批准兼职但获取薪酬、奖金、津贴等额外利益的，依照第一款规定处理。

《中华人民共和国公职人员政务处分法》

第三十六条 违反规定从事或者参与营利性活动，或者违反规定兼任职务、领取报酬的，予以警告、记过或者记大过；情节较重的，予以降级或者撤职；情节严重的，予以开除。

《中华人民共和国公务员法》

第四十四条 公务员因工作需要在机关外兼职，应当经有关机关批准，并不得领取兼职报酬。

第五十九条 公务员应当遵纪守法，不得有下列行为：

……

（十六）违反有关规定从事或者参与营利性活动，在企业或者营利性组织中兼任职务；

……

《中华人民共和国法官法》

第二十二条　法官不得兼任人民代表大会常务委员会的组成人员，不得兼任行政机关、监察机关、检察机关的职务，不得兼任企业或者其他营利性组织、事业单位的职务，不得兼任律师、仲裁员和公证员。

《检察人员纪律处分条例》

第一百零九条　违反有关规定从事营利活动，有下列行为之一，情节较轻的，给予警告、记过或者记大过处分；情节较重的，给予降级或者撤职处分；情节严重的，给予开除处分：

（一）经商办企业的；

（二）拥有非上市公司（企业）的股份或者证券的；

（三）买卖股票或者进行其他证券投资的；

（四）兼任律师、法律顾问、仲裁员等职务，以及从事其他有偿中介活动的；

（五）在国（境）外注册公司或者投资入股的；

（六）其他违反有关规定从事营利活动的。

利用职权或者职务上的影响，为本人配偶、子女及其配偶等亲属和其他特定关系人的经营活动谋取利益的，依照前款规定处理。

违反有关规定在经济实体、社会团体等单位中兼职，或者经批准兼职但获取薪酬、奖金、津贴等额外利益的，依照前款规定处理。

《中华人民共和国人民警察法》

第二十二条　人民警察不得有下列行为：

……

（十）从事营利性的经营活动或者受雇于任何个人或者组织；

......

案例解析

有借无还为哪般

2017年6月10日，某司法所原所长张某某借办理王某与杨某之间土地承包纠纷调解之机，向王某借款1万元。2017年9月18日，王某找张某某询问自己土地承包纠纷一事并索要借款，二人发生口角，并当街厮打，造成恶劣影响。经调查，张某某还利用职权便利向多人借款，数额较大，久拖不还，并在多起民间贷款案中干扰、抗拒法院执行。2017年11月，张某某受到党内严重警告、撤销行政职务处分。

解析

是否利用职权或职务上的影响实施借贷行为，是否影响公正执行公务，是否侵犯了职务廉洁性是认定是否违规借贷的依据。由于违规借贷情形复杂，在具体操作中需要审慎界定，辩证把握好违规借贷和正常民间借贷、违规向管理服务对象借贷和同事亲属之间正常借贷等关系。

本案中，张某某借贷行为看似是普通民事行为，其实不然，因为在这一宗宗借款行为的背后是滥用职权。张某某与王某借款行为出现在办理土地承包纠纷调解的过程中，当事人迫于张某某职权及其想在其中取得预期利益，才借钱给张某某。这一行为直接影响了公正执行公务、廉洁行使职权。

与此类似的行为还有：利用职权或职务上的影响，无息、低息向他人借款或高息出借资金的行为；与管理服务对象进行资金借贷，可能影响公正执行公务的行为；利用职权或职务上的影响，有偿为他人提供担保或要求他人提供担保的行为；组织、从事、参与非法集资活动的行为，等等。

政法干警参与违规借贷行为，本质上是手中权力的出借和寻租，既严重侵害了职务行为的廉洁性，又容易引发或诱发权钱交易，影响十分恶劣。广大政法干警要强化廉洁自律意识，准确把握违规借贷行为与普通民间借贷的界限，不得将从他人、银行或其他经金融监管部门批准从事金融及相关业务的法人、组织处取得的资金转借他人赚取利差，不得与管理和服务对象，以及其他与行使职权有关系的单位或个人发生借贷、担保、居间介绍等关系，不得以收取介绍费、中介费、有偿担保费等形式进行营利性活动，不得在他人出现支付困难情况下，利用职权或职务上的影响让他人对自己、近亲属或者其他特定关系人违反法定顺序、比例优先清偿借款或提前清偿未到期借款等，坚决守住做人、处事、用权的底线。

二、管好亲属，不纵容违规经营

习近平总书记在十八届中央纪委六次全会上的讲话中指出："不少领导干部不仅在前台大搞权钱交易，还纵容家属在幕后收钱敛财，子女等也利用父母影响经商谋利、大发不义之财。"① 针对这一情况，"十个严禁"明确规定，决不允许纵容默许配偶、子女及其配偶违规从事经营活动。广大政法干警特别是领导干部要坚决破除管好亲属等"身边人"是个人私事、家庭小事的误区，管住管好自己的亲属，决不允许他们利用本人职权敛财谋利，防止居心不良者对家庭成员和身边人进行"围猎"。如果政法干警纵容默许配偶、子女及其配偶违规从事经营活动，亲属就有可能跨越法纪边界，谋取不正当利益，最终害人害己。

---

① 《习近平谈治国理政》（第二卷），外文出版社 2017 年版，第 165 页。

　　纵容默许配偶、子女及其配偶违规从事经营活动，是指纵容、默许配偶、子女及其配偶利用政法干警本人职权或者职务上的影响谋取私利的行为。纵容，主要是指政法干警对其亲属利用本人职权或者职务上的影响谋取私利的行为放任不管，不加制止，任其发展的行为。默许，主要是指政法干警已经了解到亲属在利用本人职权或者职务上的影响谋取私利，虽然没有明明白白地表示同意，但是已经暗示许可的行为。

　　在全国政法队伍教育整顿中，"干警违规经商办企业和配偶、子女及其配偶违规从事经营活动"被列为必须彻底整治的顽瘴痼疾。最高人民法院、最高人民检察院、公安部、司法部相继出台了干警亲属的"禁业清单"，细化政策界限，突出监管重点，通过建章立制确保政法干警廉洁司法、廉洁用权、廉洁齐家。

　　从各地在政法队伍教育整顿中查处的案件来看，一些政法干警特别是领导干部长期忽视家庭家教家风建设，治家不严、家风败坏，或自己为官不正带坏配偶子女，造成"上梁不正下梁歪，下梁不正倒下来"，或配偶子女品行不端把自己拉下水，还有的家庭成员之间交流沟通不足，对"后院"疏于管理，纵容亲属利用自己的职务影响经商牟利、收钱敛财。某市公安局原副局长杜某某家风败坏，幕后指挥、纵容放任妻子利用其职务影响谋取私利，向利益关联单位和人员推销烟酒、倒卖房产，放纵配偶大肆敛财。这深刻反映出政法干警一旦忽视家庭家教家风建设，必然会造成亲属、子女之间相互裹挟、相互利用，陷入物质生活享乐化、精神生活腐烂化、行使权力逐利化的泥沼，从"全家福"变成"全家腐"，教训深刻。

　　习近平总书记指出："不论时代发生多大变化，不论生活格局发生多大变化，我们都要重视家庭建设，注重家庭、注重家教、注重家风。"① 广大政法干警要坚决反对特权思想，决不搞特殊化，既要以身

———————

　　① 习近平：《在 2015 年春节团拜会上的讲话》（2015 年 2 月 17 日），《人民日报》2015年 2 月 18 日。

作则，又要对亲属子女看得紧一点、管得勤一点，多讲一讲"兄弟连""父子兵""夫妻档"捆绑出事的案例，切实做到强化好家教、培育好家风，避免走入容易滋生腐败的"危险区"。

深度把握

政法干警近亲属禁业清单

政法系统	具体规定
法院系统	法院领导干部和审判执行人员的配偶、父母、子女不得担任其所任职法院辖区内律师事务所的合伙人或者设立人；法院领导干部和审判执行人员的配偶、父母、子女不得在其任职法院辖区内以律师身份担任诉讼代理人、辩护人，或为诉讼案件当事人提供其他有偿法律服务；法院领导干部的配偶、子女及其配偶不得与领导干部所在法院和管辖单位发生直接经济利益关系；法院领导干部的配偶、子女及其配偶不得在其任职法院辖区内，担任提供司法拍卖、司法评估等有偿中介或法律服务的营利性组织的设立人、合伙人、投资人、高级管理人员等；法院领导干部和审判执行人员的配偶、子女及其配偶不得从事其他可能影响其依法公正履职的经商办企业活动。法院领导干部和审判执行人员不得利用职权和职务上的影响，为配偶、子女及其配偶和其他特定关系人从事经商办企业活动提供便利和优惠条件，或者为其经商办企业谋取利益。最高人民法院厅局级副职以上领导干部及其省级以下人民法院厅局级副职以上领导干部的配偶、子女及其配偶禁业范围，按照有关规定执行。

政法系统	具体规定
检察系统	各级人民检察院领导干部和检察官的配偶、父母、子女不得担任其所任职检察院辖区内律师事务所的合伙人或设立人，不得在其任职检察院辖区内以律师身份担任诉讼代理人、辩护人，或为诉讼案件当事人提供其他有偿法律服务。各级人民检察院领导干部的配偶、子女及其配偶不得与领导干部所在单位和管辖单位发生直接经济关系。各级人民检察院领导干部的配偶、子女及其配偶不得从事其他可能影响其依法公正履职的经商办企业等经营活动。检察人员不得利用职权和职务影响，为配偶、子女及其配偶等近亲属和其他特定关系人从事经商办企业及其他经营活动提供便利和优惠条件，或者为其经商办企业谋取利益。最高人民检察院厅局级及直属单位四级职员以上干部及其地方检察机关厅局副职以上领导干部的配偶、子女及其配偶禁业范围，按照有关规定执行。
公安系统	公安系统厅（局）级及以上干部（含职级公务员）的配偶、子女及其配偶应当同时适用中共中央组织部和地方党委组织部关于规范领导干部配偶、子女及其配偶经商办企业行为的相关规定；各级公安机关处级及以下民警的配偶、子女及其配偶不得在民警所在警种部门管辖的业务范围内从事经商办企业活动；公安民警不得利用职权或者职务影响，为近亲属和其他特定关系人从事经商办企业等活动提供便利和优惠条件，或者为其经商办企业谋取利益。
司法行政系统	司法行政系统厅局级以上干部的配偶、子女及其配偶经商办企业禁业范围按照中共中央组织部、司法部和地方党委组织部相关规定执行。各地各级司法行政机关及监狱、戒毒所厅局级以下领导班子成员配偶、子女及其配偶不得在本单位管辖区域和领导干部管辖的业务范围内从事经商办企业活动；司法行政干警不得利用职权或者职务上的影响，为配偶、子女及其配偶经商办企业提供便利和优惠条件；司法行政干警配偶、子女及其配偶不得从事可能影响干警公正履职的经商办企业活动，不得与干警所在单位和管辖单位发生直接经济关系。

（资料来源：根据最高人民法院、最高人民检察院、公安部、司法部干警近亲属禁业清单整理）

依据参考

关于严禁纵容默许配偶、子女及其配偶违规
从事经营活动的有关规定要求

《中国共产党纪律处分条例》

第八十七条　纵容、默许配偶、子女及其配偶等亲属、身边工作人员和其他特定关系人利用党员干部本人职权或者职务上的影响谋取私利，情节较轻的，给予警告或者严重警告处分；情节较重的，给予撤销党内职务或者留党察看处分；情节严重的，给予开除党籍处分。

党员干部的配偶、子女及其配偶等亲属和其他特定关系人不实际工作而获取薪酬或者虽实际工作但领取明显超出同职级标准薪酬，党员干部知情未予纠正的，依照前款规定处理。

第九十七条　党员领导干部的配偶、子女及其配偶，违反有关规定在该党员领导干部管辖的地区和业务范围内从事可能影响其公正执行公务的经营活动，或者在该党员领导干部管辖的地区和业务范围内的外商独资企业、中外合资企业中担任由外方委派、聘任的高级职务或者违规任职、兼职取酬的，该党员领导干部应当按照规定予以纠正；拒不纠正的，其本人应当辞去现任职务或者由组织予以调整职务；不辞去现任职务或者不服从组织调整职务的，给予撤销党内职务处分。

《中国共产党组织处理规定（试行）》

第七条　领导干部在政治表现、履行职责、工作作风、遵守组织制度、道德品行等方面，有苗头性、倾向性或者轻微问题，以批评教育、责令检查、诫勉为主，存在以下情形之一且问题严重的，应当受到组织处理：

……

（十三）不执行重大事项请示报告制度产生不良后果，严重违反个

人有关事项报告、干部人事档案管理、领导干部出国（境）等管理制度，本人、配偶、子女及其配偶违规经商办企业的；

......

《关于建立健全禁止法官、检察官与律师不正当接触交往制度机制的意见》

第三条 严禁法官、检察官与律师有下列接触交往行为：

......

（六）与律师以合作、合资、代持等方式，经商办企业或者从事其他营利性活动；本人配偶、子女及其配偶在律师事务所担任"隐名合伙人"；本人配偶、子女及其配偶显名或者隐名与律师"合作"开办企业或者"合作"投资；默许、纵容、包庇配偶、子女及其配偶或者其他特定关系人在律师事务所违规取酬；向律师或律师事务所放贷收取高额利息。

......

案例解析

主动填报问题，变更经营范围

某市某区检察院检察官助理李某某的妻子罗某某在经营范围涉及法律咨询业务的公司任经理，在教育整顿中，李某某主动填报相关问题。根据"自查从宽、被查从严"政策，由区检察院党组对李某某进行批评教育。涉案公司已变更经营范围，不再包括法律咨询相关业务。2021年6月，该案例被区政法队伍教育整顿办作为不当执法司法行为典型案例通报。

解析

现实中，考虑到自己的父母或配偶是政法干警，一些人违规在他们管辖的区域或者业务范围内从事经营活动，希望能够得到特殊的"照顾"，而他们的父母或配偶出于关爱，可能会听之任之、不管不问。殊不知，这种行为已经违反了纪律处分条例及其他规范性文件。

有人认为，政法干警配偶、子女及其配偶从业禁止规定，妨碍了政法干警家属的择业自由。但我们应该看到，由于政法干警手执公共权力，掌握着巨大的社会资源，其配偶子女的从业，天然地存在特殊性。俗话说"瓜田不纳履，李下不整冠"，广大政法干警获得信任的最基本方法在于对敏感行业、敏感岗位的自觉屏蔽、"物理"隔绝，这是减少猜测、增进信任的有效途径。

就这起案件而言，区检察院检察官助理李某某的妻子罗某某在经营范围涉及法律咨询业务的公司任经理，虽然李某某没有参与其中，也没有利用职权或影响力谋取私利，但并不能忽视此类问题。翻看近年来查处通报，"家风不正""不重视家风建设"算得上是高频词；"对配偶子女失管失教""纵容亲属利用职务影响谋取私利"是"常见病"，家人失管、家风败坏已成为政法干警走向违纪违法的重要原因之一。

作为政法干警，爱护家庭、关心亲友是人之常情，但关爱什么、怎么关爱值得每个人认真思考和严肃对待。正确的做法是，广大政法干警要慎待亲情，守好"后院"，严格教育、约束配偶、子女等亲属和身边人，既做到自己清正廉洁，又确保他们立得正、行得直，防止其打着政法干警的旗号谋取不正当利益，让"家庭后院"成为拒腐防变的"前沿火线"。

三、敬畏权力，不以权谋取私利

政法机关肩上责任重大，手中权力很大，但公权力姓公，必须用来为人民服务。"十个严禁"明确规定，无论是现在手中有权，还是因过去职权存在的影响力，都不能用来为自己或"身边人"谋取私利。政法干警利用职权影响力谋私，在扰乱市场经济秩序的同时，也侵害了职务行为的廉洁性，甚至动摇了人民群众对公平正义的信仰。因此，广大政法干警要深刻认识到手中的职权是党和人民赋予的，只能用来为党和人民做事，必须始终坚持秉公用权、依法用权、廉洁用权，在各种诱惑面前立场坚定，筑起拒腐防变的坚固防线。

在工作生活中，一些政法干警以权谋私的手段和目的五花八门，主要有以下几个方面。

一是把职权影响力作为谋取私利的工具。一些政法干警将本该用来捍卫公平正义的侦查权、检察权、审判权、执行权等，异化为谋取私利、买卖人情的私权力，滥用职权与谋取私利交织、违法办案与利益输送交织等腐败问题令人触目惊心。2012年至2020年，某市司法局法律援助机构工作人员蒋某某和市司法局法律援助中心原主任刘某某为了违规领取法律援助补贴，故意隐瞒关于公职人员不能领取补贴、补贴标准调整等相关文件，选择性执行补贴标准较高、利于自己报销的废止文件，继续报销领取高额法律援助补贴。最终，二人受到党纪政纪处分，所涉款项依法追缴。

二是把职权影响力作为官商勾结的纽带。权位带来的溢出效应，使影响力将官与商紧紧地黏合在一起，结成利益共同体。某街道司法所司法综治科原科长顾某，为了弥补赌博亏钱的窟窿，利用在管理技防项目及宣传工作中的职务便利，铤而走险套取公款、主动索取及非法收受他人所送财物共计260余万元。2021年9月，顾某因犯贪污罪、受贿罪获刑 6 年 9 个月，并被处罚金人民币 60 万元。

三是把职权影响力作为全家腐败的基础。有些人一旦掌握公权力，便把家庭的幸福建立在腐败的基础上，对权力进行深层次挖潜，提高权力附加值，"胃口"越来越大，最终形成"父子兵""夫妻档""兄弟连"等利益均沾的格局。 2020 年 8 月，某市公安局某分局原党委书记、局长文某某被开除党籍、开除公职，其涉嫌犯罪问题被移送检察机关审查起诉。文某某在担任县级公安局长的 18 年里，靠卖官收受贿赂达数百万元。身为党员干部的妻子没选择做"贤内助"，而是与丈夫一同上演了贪腐"夫妻二人转"。

四是把职权影响力作为离职腐败的桥梁。有的政法干警既想贪，又想躲，在岗在位时违规给人办事，一分钱不收，但堂而皇之地向对方提出"等我退休了，你再来报答我"。此外，有的政法干警离任后，利用过去的权力和影响，侵犯他人利益和权利，不择手段攫取私利。某市某区检察院原检察官助理佘某某退休后，利用原职权或者地位形成的便利条件，通过其他国家工作人员职务上的行为，为请托人谋取不正当利益，索取或收受请托人财物，数额巨大，涉嫌利用影响力受贿犯罪。2021 年 10 月，当地区纪委监委对佘某某涉嫌严重违纪违法问题进行立案审查调查。

利用职权或影响力谋取私利的实质是公权力"脱缰"。解决用职权影响力谋私利的问题，关键是广大政法干警要坚持底线原则，正确认识权力、慎重行使权力，少打职务影响力的"歪主意"，在工作和生活中养成自觉接受监督的习惯，让权力在纪法的经纬中规范运行。

深度把握

如何把握利用影响力受贿罪的构成要件

构成要件	具体内容
主体	特殊主体,即与国家工作人员(以及离职的国家工作人员)关系密切的人员,包括国家工作人员的近亲属或者其他与该国家工作人员关系密切的人,以及离职的国家工作人员或者其近亲属及其他与其关系密切的人。
主观方面	故意
客观方面	(1)国家工作人员的近亲属或者其他与该国家工作人员关系密切的人,通过该国家工作人员职务上的行为,为请托人谋取不正当利益,索取请托人财物或者收受请托人财物。 (2)国家工作人员的近亲属或者其他与该国家工作人员关系密切的人,利用该国家工作人员职权或者地位形成的便利条件,通过其他国家工作人员职务上的行为,为请托人谋取不正当利益,索取请托人财物或者收受请托人财物。 (3)离职的国家工作人员或者其近亲属以及其他与其关系密切的人,利用该离职的国家工作人员原职权或者地位形成的便利条件,通过其他国家工作人员职务上的行为,为请托人谋取不正当利益,索取请托人财物或者收受请托人财物。
客体	国家工作人员的职务廉洁性

(资料来源:根据《中华人民共和国刑法》等整理)

依据参考

关于严禁利用职权或影响力谋取私利的有关规定要求

《中国共产党章程》

第二条第三款 中国共产党党员永远是劳动人民的普通一员。除了法律和政策规定范围内的个人利益和工作职权以外，所有共产党员都不得谋求任何私利和特权。

《中国共产党纪律处分条例》

第八十五条 党员干部必须正确行使人民赋予的权力，清正廉洁，反对任何滥用职权、谋求私利的行为。

利用职权或者职务上的影响为他人谋取利益，本人的配偶、子女及其配偶等亲属和其他特定关系人收受对方财物，情节较重的，给予警告或者严重警告处分；情节严重的，给予撤销党内职务、留党察看或者开除党籍处分。

第八十六条 相互利用职权或者职务上的影响为对方及其配偶、子女及其配偶等亲属、身边工作人员和其他特定关系人谋取利益搞权权交易的，给予警告或者严重警告处分；情节较重的，给予撤销党内职务或者留党察看处分；情节严重的，给予开除党籍处分。

第九十一条 利用职权或者职务上的影响操办婚丧喜庆事宜，在社会上造成不良影响的，给予警告或者严重警告处分；情节严重的，给予撤销党内职务处分；借机敛财或者有其他侵犯国家、集体和人民利益行为的，从重或者加重处分，直至开除党籍。

第九十五条 利用职权或者职务上的影响，为配偶、子女及其配偶等亲属和其他特定关系人在审批监管、资源开发、金融信贷、大宗采购、土地使用权出让、房地产开发、工程招投标以及公共财政支出等方面谋取利益，情节较轻的，给予警告或者严重警告处分；情节较重的，给予撤销党内职务或者留党察看处分；情节严重的，给予开除党籍处分。

利用职权或者职务上的影响，为配偶、子女及其配偶等亲属和其他特定关系人吸收存款、推销金融产品等提供帮助谋取利益的，依照前款规定处理。

第一百零一条 利用职权或者职务上的影响，侵占非本人经管的公私财物，或者以象征性地支付钱款等方式侵占公私财物，或者无偿、象征性地支付报酬接受服务、使用劳务，情节较轻的，给予警告或者严重警告处分；情节较重的，给予撤销党内职务或者留党察看处分；情节严重的，给予开除党籍处分。

利用职权或者职务上的影响，将本人、配偶、子女及其配偶等亲属应当由个人支付的费用，由下属单位、其他单位或者他人支付、报销的，依照前款规定处理。

第一百零二条 利用职权或者职务上的影响，违反有关规定占用公物归个人使用，时间超过六个月，情节较重的，给予警告或者严重警告处分；情节严重的，给予撤销党内职务处分。

占用公物进行营利活动的，给予警告或者严重警告处分；情节较重的，给予撤销党内职务或者留党察看处分；情节严重的，给予开除党籍处分。

将公物借给他人进行营利活动的，依照前款规定处理。

《中华人民共和国公职人员政务处分法》

第三十三条 有下列行为之一的，予以警告、记过或者记大过；情节较重的，予以降级或者撤职；情节严重的，予以开除：

……

（二）利用职权或者职务上的影响为本人或者他人谋取私利的；

……

案例解析

事故信息也能"卖"出好价钱

2022年初，某县级市召开警示教育大会，该市公安局交警大队原民警童某在警示教育片《赌输的人生》中深刻忏悔。童某利用职务便利，多次收受某民营医院院长所送钱款，被开除党籍、开除公职，并移送司法机关依法处理。经调查，一家民营医院院长多次向多名交警转账、发红包，尤其在节假日等节点转账频繁，其中向童某转账金额较大、频次较高。原来，为确保第一时间获取交通事故信息，便于前往事故现场抢"生意"，该医院与童某等交警达成"协议"，在交通事故接出警过程中，执法人员将事故伤员信息优先通知这家医院。作为回报，该医院院长则以"信息费"为名义向交警送现金、购物卡、加油卡、烟酒及微信红包等。

（解）（析）

按照惯例，交通事故发生后，120急救指挥中心会根据事故发生地点调配就近医院的急救车赶往现场。但有一位市民在某乡镇卫生院门前发生了交通事故，随后却被一家民营医院的120急救车接到了15公里外就医；另外还有一起交通事故报警后，居然同时来了公立医院和民营医院两辆急救车……其实，在这一乱象的背后是职权和金钱在搞怪作祟。

类似这种利用职权谋私利、搞寻租的现象，在一些关键领域、关键岗位较为突出。他们借助手中掌握的垄断、优势、稀缺的特殊资源，进行交易交换，滋生出"靠山吃山"式的腐败。这类腐败大多演变为系统性腐败，无论靠什么、"吃"什么，实际上都是权力的滥用，其背后自然少不了盘根错节的关系，系统内部上下"互动"、左右"帮衬"，"群腐"难免。比如，2018年中央电视台《焦点访谈》曝光的某市长期存在的超载货车、黑出租车问题，涉案人员包括市公安交通警察支队副支队长、各大队的多数大队长，还有干警100多人。

机关算尽，作茧自缚。正如民警童某忏悔时所言："苍蝇不叮无缝的蛋，都怪我自己在那些糖衣炮弹面前没有顶住诱惑，没有守住底线……"一些像童某这样的基层政法干警通过掌握的并不太大但"含金量"较高的权力，为自己和亲友提供方便谋取私利，他们"掩耳盗铃"，过分自信，以为自己做的事"神不知鬼不觉"，不会被发现。但是铁的事实说明，这只不过是不切实际的幻觉，受到党纪国法严惩必然是童某等利用职务影响谋取私利之人殊途同归的结局。

学 习 思 考

1. 如何认识和理解"当官发财两条道"？
2. 政法干警参与违规营利活动有哪些类型？
3. 政法干警如何约束亲属违规从事经营活动？
4. 政法干警近亲属禁业清单包括哪些内容？
5. 利用职权或影响力谋取私利有哪些表现形式？

第七讲　铲除黑恶毒瘤，决不包庇纵容

严禁包庇纵容黑恶势力。决不允许对黑恶行为视而不见、听之任之，纵容涉黑涉恶活动，充当"保护伞"。

——《新时代政法干警"十个严禁"》

"黑恶势力是社会毒瘤，严重破坏经济社会秩序，侵蚀党的执政根基。"对于黑恶势力的严重危害性，习近平总书记作出精准判断。2021年1月22日，习近平总书记在十九届中央纪委五次全会上发表重要讲话强调："要坚决整治政法战线违纪违法问题，努力让人民群众在每一件司法案件中感受到公平正义。要推动扫黑除恶常态化，坚决打击黑恶势力及'保护伞'，决不让其再祸害百姓。"

政法队伍是和平年代奉献最多、牺牲最大的队伍。同时，政法队伍中也有害群之马，在为期3年的扫黑除恶专项斗争中，一批纵容、包庇黑恶势力的公职人员受到查处，其中不少是政法干警。"十个严禁"明确规定，"严禁包庇纵容黑恶势力"。新时代政法干警要深刻认识黑恶势力的严重危害，以先进典型为引领，以反面典型为镜鉴，通过接受警示教育划清与黑恶势力界限，坚决铲除黑恶势力犯罪及其滋生土壤，确保人民安居乐业、社会安宁和谐、国家长治久安。

一、担当作为，不纵容黑恶势力

2018 年 1 月，中共中央、国务院发出《关于开展扫黑除恶专项斗争的通知》，决定在全国开展扫黑除恶专项斗争，要求把扫黑除恶与反腐败斗争和基层"拍蝇"结合起来，深挖黑恶势力"保护伞"。① 从 3 年专项斗争中查处的案件来看，每一个坐大成势的黑恶势力，身后必定有人撑腰纵容。"十个严禁"明确规定，"决不允许对黑恶行为视而不见、听之任之，纵容涉黑涉恶活动"，这一规定主要侧重于纵容黑恶势力犯罪。根据《最高人民法院关于审理黑社会性质组织犯罪的案件具体应用法律若干问题的解释》，"纵容"是指国家机关工作人员不依法履行职责，放纵黑社会性质组织及其成员进行违法犯罪活动的行为；犯罪主体是特殊主体，必须是国家机关工作人员，即在国家各级党政机关、权力机关、司法机关和军事机关中依法从事公务的人员；主观方面由故意构成，过失不构成本罪。"纵容"行为的核心是对法定义务的不作为，即有义务阻止制止而不实施，甚至放任的行为。

实践中，政法干警纵容黑恶势力犯罪，主要有两种类型。

第一，因利益输送而利用自己的职权便利放纵黑恶势力犯罪。为了谋取不正当利益，对黑恶势力犯罪不闻不问、压案不查、隐匿线索。某县委原常委、政法委书记陈某某在收受某酒店老板贿赂 3 万元后，未积极履行政法委工作职责，未有效调度有关部门进行重点清查，导致该酒店黄毒情况长期存在。同时陈某某还存在其他严重违纪违法问题。2021 年 1 月，陈某某受到开除党籍、开除公职处分并移送司法机关处理。再如，2015 年至 2018 年，某司法所原所长李某某在涉黑组织头目黄某某的请托下，明知矫正对象黄某某严重违反社区矫正规定，而不正

① 《中共中央国务院：在全国开展扫黑除恶专项斗争》，新华网 2018 年 1 月 24 日。

确履行职责，未采取管控措施，致使其长期脱离监管，多次越界至外省，涉嫌多起重新犯罪，造成恶劣社会影响。2018年8月，李某某被开除党籍、开除公职，移送司法机关处理。正是由于李某某收受他人财物，导致不担当不作为，对黑恶势力打击严重失职，助长了涉黑涉恶势力的坐大成势、滋生蔓延。

第二，因当"老好人"或者政绩考虑而放纵黑恶势力犯罪。有的政法干警虽然与涉黑涉恶势力没有直接交集，但因为习惯当"老好人"而放纵犯罪，或者出于政绩考虑而粉饰太平，在扫黑除恶方面搞形式主义、官僚主义。2017年12月30日，某县一家采石场发生斗殴事件，当地派出所只对其中两名参与斗殴人员进行处罚，对另外两名参与斗殴的杨甲、杨乙没有依法处理。2018年5月20日，杨乙到某石材厂索要工程项目遭拒后，于5月23日组织人员到石材厂打击报复，该派出所在石材厂多次报警的情况下，仍没有组织警力对杨乙进行依法处理。5月25日，杨乙再次到石材厂闹事并演变成群体性事件，造成恶劣影响。由于当地派出所干警采取一种妥协态度，对黑恶势力不闻不问，致使他们阴谋得逞，为事态发展起到了推波助澜的作用。

黑恶势力是社会毒瘤，严重破坏经济社会秩序，侵蚀党的执政根基。如今已经进入扫黑除恶斗争常态化，扫除的是黑恶势力，净化的是政治生态，赢得的是社会安宁，夯实的是执政基础。广大政法干警要以剑不入鞘、鞭不离手的勇气和担当，投入到扫黑除恶常态化斗争中去，广泛宣传解读反有组织犯罪法，一刻不停地抓好线索直核、"伞网"深挖等工作，推动实现城乡更安宁、群众更安乐。

深度把握

"黑恶势力"的判断标准

黑势力	组织特征	存在较稳定的犯罪组织，人数较多，有明确的组织者、领导者，骨干成员基本固定。
	经济特征	有组织地通过违法犯罪活动或者其他手段获取经济利益，具有一定的经济实力，以支持该组织的活动。
	行为特征	以暴力、威胁或者其他手段，有组织地多次进行违法犯罪活动，为非作恶，欺压、残害群众。
	危害性特征	通过实施违法犯罪活动，或者利用国家工作人员的包庇或者纵容，称霸一方，在一定区域或者行业内，形成非法控制或者重大影响，严重破坏经济、社会生活秩序。
恶势力	目的标准	具有"为非作恶、欺压百姓"的特征，单纯为牟取不法经济利益而实施的"黄、赌、毒、盗、抢、骗"等违法犯罪活动，不属于恶势力。
	人员标准	一般为3人以上，纠集者相对固定。
	行为标准	经常纠集在一起，以暴力、威胁或者其他手段，在一定区域或者行业内多次实施违法犯罪活动。
	手段标准	实施的违法犯罪活动，主要为强迫交易、故意伤害、非法拘禁、敲诈勒索、故意毁坏财物、聚众斗殴、寻衅滋事，但也包括具有为非作恶、欺压百姓等特征，主要以暴力、威胁为手段的其他违法犯罪活动。
恶势力集团		符合恶势力全部认定条件，同时又符合犯罪集团法定条件的犯罪组织。

（资料来源：根据《关于办理黑恶势力犯罪案件若干问题的指导意见》《关于办理恶势力刑事案件若干问题的意见》等整理）

依据参考

关于严禁纵容涉黑涉恶活动的有关规定要求

《中华人民共和国刑法》

第二百九十四条第三款　国家机关工作人员包庇黑社会性质的组织，或者纵容黑社会性质的组织进行违法犯罪活动的，处五年以下有期徒刑；情节严重的，处五年以上有期徒刑。

《关于在扫黑除恶专项斗争中分工负责、互相配合、互相制约　严惩公职人员涉黑涉恶违法犯罪问题的通知》

三、准确适用法律

6. 国家机关工作人员包庇黑社会性质的组织，或者纵容黑社会性质的组织进行违法犯罪活动的，以包庇、纵容黑社会性质组织罪定罪处罚。

国家机关工作人员既组织、领导、参加黑社会性质组织，又对该组织进行包庇、纵容的，应当以组织、领导、参加黑社会性质组织罪从重处罚。

国家机关工作人员包庇、纵容黑社会性质组织，该包庇、纵容行为同时还构成包庇罪、伪证罪、妨害作证罪、徇私枉法罪、滥用职权罪、帮助犯罪分子逃避处罚罪、徇私舞弊不移交刑事案件罪，以及徇私舞弊减刑、假释、暂予监外执行罪等其他犯罪的，应当择一重罪处罚。

7. 非国家机关工作人员与国家机关工作人员共同包庇、纵容黑社会性质组织，且不属于该组织成员的，以包庇、纵容黑社会性质组织罪的共犯论处。非国家机关工作人员的行为同时还构成其他犯罪，应当择一重罪处罚。

8. 公职人员利用职权或职务便利实施包庇、纵容黑恶势力、伪证、妨害作证，帮助毁灭、伪造证据，以及窝藏、包庇等犯罪行为的，应酌情从重处罚。事先有通谋而实施支持帮助、包庇纵容等保护行为的，以具体犯罪的共犯论处。

案例解析

多次参与赌博，纵容黑恶犯罪

2016年至2017年间，贾某等人先后在某市多地开设赌场。2019年贾某等人犯组织、领导、参加黑社会性质组织罪、开设赌场罪等被法院判处刑罚。2016年中秋节至2017年4、5月份，该市某区公安民警马某某不履行工作职责，多次到贾某等人开设的赌场内赌博，且马某某的儿子马某为赌场看门、望风。法院经审理认为，马某某身为公安民警，预防、制止和惩治违法犯罪活动是其法定职责和义务，马某某明知贾某等人开设赌场，不但不去制止、惩治，反而多次到贾某等人的赌场参加赌博，纵容黑社会性质组织实施违法犯罪活动，其行为已构成纵容黑社会性质组织罪。

解析

在涉黑涉恶腐败和"保护伞"案件中，一些政法干警以不同形式参与其中，为黑恶势力的盘踞、壮大创造了条件。本案中，民警马某某明知贾某等人开设赌场，不但不去制止、惩治，反而多次到贾某等人的赌场参加赌博，纵容黑社会性质组织实施违法犯罪活动，其行为构成纵容黑社会性质组织罪。

需要特别说明的是：第一，马某某2016年10月至2017年9月在区公安局控申科工作，是否不具有查处黑社会性质犯罪的职责，不符合纵容黑社会性质组织罪的犯罪主体呢？马某某身为公安机关民警，预防、制止和惩治违法犯罪活动是其法定职责和义务，但其并没有去制止、惩治，反而多次到贾某等人的赌场参加赌博，构成纵容黑社会性质组织罪。第二，在马某某参与赌博期间，贾某等人还没有因组织、领导、参加黑社会性质组织罪、开设赌场罪被法院判处刑罚，那么马某某是否可以因不知道贾某等人是黑社会性质组织，而没有犯罪故意呢？黑社会性质组织的认定是一个复杂的司法过程，如果要求行为人必须认识到其包庇纵容的是黑社会性质组织，可能导致其以不明知为由进行抗辩，从而使这一规定成为部分行为人逃避法律制裁的借口。

对黑恶的纵容，就是对正义的践踏。这起案例警示广大政法干警，当前常态化扫黑除恶斗争的任务依然艰巨，要坚决摒弃怕引火烧身"不敢打"的思想，决不能甘当不担当不作为的"庸伞"、"睁一只眼闭一只眼"，任由其蔓延，要对黑恶势力始终保持依法严打高压态势，持续保持凌厉攻势，露头就打、穷追猛打，决不让黑恶势力死灰复燃、由小转大。

二、涵养正气，不当黑恶保护伞

2014年1月7日，习近平总书记在中央政法工作会议上指出："有的干警同黑恶势力串通一气、充当保护伞，胆大妄为、无法无天！"[①] "十个严禁"对政法干警提出明确要求，决不允许充当"保护伞"。所谓黑恶势力"保护伞"，有广义和狭义之分。广义的"保护伞"主要是指国家公职人员利用手中权力，参与涉黑涉恶违法犯罪，或包庇、纵容黑恶犯罪、有案不立、立案不查、查案不力，为黑恶势力违法犯罪提供便利条件，帮助黑恶势力逃避惩处等行为，即包括参与、包庇、纵容等行为。而狭义的"保护伞"主要指的是包庇行为。所谓"包庇"，是指国家机关工作人员为使黑社会性质组织及其成员逃避查禁，而通风报

---

① 中共中央文献研究室编：《习近平关于全面依法治国论述摘编》，中央文献出版社2015年版，第75页。

信，隐匿、毁灭、伪造证据，阻止他人作证、检举揭发，指使他人作伪证，帮助逃匿，或者阻挠其他国家机关工作人员依法查禁等行为。新时代政法干警要进一步增强扫黑除恶斗争的政治责任感、历史使命感和工作紧迫感，拿出"不破楼兰终不还"的决心与黑恶势力坚决斗争，积极回应人民群众对安全、公平、正义的更高需求。

在"保护伞"们看来，公安的拘留权、检察院的逮捕权、法院的审判权——这些涉及"人身自由"的公权力，统统可以作为翻手为云覆手为雨的谋利工具。尽管形式或明或暗，但"保护伞"的"操作方式"万变不离其宗。

一是出资分红型。在黑恶势力设立的公司、企业入股分红、合伙经营，或与黑恶势力犯罪分子相互勾结、共同犯罪。某司法所所长武某某退休后帮黑恶势力讨债，2014年9月的一天，在催款时将欠款人何某带至酒店客房内，用钳子和铁丝将房门从里面绑住，并将何某右耳打成鼓膜外伤性穿孔。最终，武某某因犯非法拘禁罪，被法院判处有期徒刑6个月，缓刑1年。

二是徇私枉法型。对黑恶势力违法犯罪有警不接、有案不立、立而不侦、有证不取、该捕不捕、该诉不诉，以及随意变更强制措施、撤销案件、降格判刑。某县法院刑事法庭原副庭长、副科级审判员吴某某充当黑恶势力"保护伞"，很多涉黑人员被移送司法机关之后，很快又招摇过市。吴某某的一句话透露出其中的秘密："像这样两起故意伤害、两起寻衅滋事的被判缓刑，在法院还没有过。"

三是阻挠查处型。利用职务便利，隐匿、毁灭、伪造证据，帮助黑恶势力逃避司法机关的侦查、指控、起诉和审判；以阻挠、拖延、不履行职责等干扰查处，帮助黑恶势力获取非法利益……某市一家建筑基础工程有限公司法人郑某某及其黑社会性质组织长期垄断当地采砂、建筑垃圾消纳、混凝土等行业，该市某区公安分局预审大队原民警张某某多次为其在涉及公安案件处理上打招呼；市公安局技侦支队原民警李某泄露工作秘密，将监听到的信息告知郑某某，帮助其逃避打击处罚；某区法院原副院长王某某利用分管刑事审判的职务便利，授意、指使经办法官对郑某某相关多起刑事案件被告人违规轻判。抓捕前有人通风报信，被捕后有人打招呼说情，案件到了法院又有人授意轻判，可谓全程"保镖式"保护。

四是站台撑腰型。与涉黑涉恶团伙骨干结为"兄弟""干亲"或利用自身影响为其"站台"，提供便利。贾某某在担任某县公安局刑警大队大队长、税侦大队大队长、法制办主任等职务期间，与人称"铁哥"的李某以结"干亲家""儿女亲家"等形式相互勾结，利用职务便利和工作资源为李某黑恶势力团伙充当"保护伞"，并从中获取非法利益。

五是通风报信型。利用自己接触"内部消息"或举报信息的机会，为涉黑涉恶势力实施不法行为通风报信、提供关照。2018年7月的一天，黄某向某市某区检察院侦查监督科原科长覃某某提出请托，让覃某某为一起特大涉黑涉毒团伙成员韦某在区检察院审查逮捕时给予关照，后来区人民检察院对韦某作出不批准逮捕的决定，覃某某打探案情、通风报信，将该事告诉了黄某。事后，覃某某收受黄某给予的好处费人民币10万元。结合退赃等情节，2019年8月法院判处覃某某有期徒刑7个月，并处罚金人民币10万元。

六是串通案情型。在羁押监管过程中失职渎职，为涉黑涉恶犯罪嫌疑人或罪犯里勾外连、串通案情、遥控指挥提供便利条件或放任不管。在冯某某恶势力团伙成员涉嫌犯罪被羁押期间，某地看守所民警韩某某利用负责提审提讯工作便利，受该团伙成员请托，向冯某某泄露公安机关案件查办情况，帮助、示意团伙成员串供、翻供，以使其逃避刑事处罚。

本应是捍卫人民群众生命财产安全的"铁拳头"，却在金钱与利益的诱惑下，沦为黑恶势力的"保护伞"。个别政法干警充当"保护伞"源于思想变质、权力缺乏制约。2020年11月16日，习近平总书记在中央全面依法治国工作会议上讲话强调："对法治专门队伍的管理必须坚持更严标准、更高要求。一些执法司法人员手握重器而不自重，贪赃枉法、徇私枉法，办'金钱案'、'权力案'、'人情案'，严重损害法治权威。要制定完善铁规禁令、纪律规定，用制度管好关键人、管到关键处、管住关键事。"广大政法干警要旗帜鲜明把政治建设放在首位，全面深刻检视自己，及时纠正不良思想，时刻警醒悬崖勒马，在执法办案中做到按规矩办事、按规矩用权，确保办案质量和办案效率的统一，切实把好案件事实关、证据关、程序关和法律适用关，让黑恶势力无处遁形，确保扫黑除恶常态化工作真正落到实处、见到实效。

深度把握

如何把握包庇黑社会性质组织罪与其他罪名的区别

罪名	主体	对象	行为
包庇黑社会性质组织罪	国家机关工作人员	黑社会性质组织成员	通风报信，隐匿、毁灭、伪造证据，阻止他人作证、检举揭发，指使他人作伪证，帮助逃匿或者阻挠其他国家机关工作人员依法查禁等行为。
帮助犯罪分子逃避处罚罪	国家机关工作人员	犯罪分子	通风报信、提供便利，帮助逃避处罚。
帮助伪造、毁灭证据罪	一般主体	犯罪分子	帮助伪造、毁灭证据。
窝藏罪	一般主体	犯罪分子	明知是犯罪的人而为其提供处所、财物，帮助其逃匿。

续表

罪名	主体	对象	行为
包庇罪	一般主体	犯罪分子	明知是犯罪的人而为其作假证明予以包庇。
妨害作证罪	一般主体	犯罪分子	以暴力、威胁、贿买等方法阻止证人作证或者指使他人作伪证。

（资料来源：根据《中华人民共和国刑法》等整理）

依据参考

关于严禁充当黑恶势力"保护伞"的规定要求

《中国共产党纪律处分条例》

第一百一十五条　利用宗族或者黑恶势力等欺压群众，或者纵容涉黑涉恶活动、为黑恶势力充当"保护伞"的，给予撤销党内职务或者留党察看处分；情节严重的，给予开除党籍处分。

《关于办理黑恶势力犯罪案件若干问题的指导意见》

六、依法严惩"保护伞"

22.《刑法》第二百九十四条第三款中规定的"包庇"行为，不要求相关国家机关工作人员利用职务便利。利用职务便利包庇黑社会性质组织的，酌情从重处罚。包庇、纵容黑社会性质组织，事先有通谋的，以具体犯罪的共犯论处。

23. 公安机关、人民检察院、人民法院对办理黑恶势力犯罪案件中发现的涉嫌包庇、纵容黑社会性质组织犯罪、收受贿赂、渎职侵权等违法违纪线索，应当及时移送有关主管部门和其他相关部门，坚决依法严惩充当黑恶势力"保护伞"的职务犯罪。

25. 公安机关在侦办黑恶势力犯罪案件中，应当注意及时深挖其背后的腐败问题，对于涉嫌特别重大贿赂犯罪案件的犯罪嫌疑人，及时会同有关机关，执行《刑事诉讼法》第三十七条的相关规定，辩护律师在侦查期间会见在押犯罪嫌疑人的，应当经相关侦查机关许可。

案例解析

公诉内卷去哪儿了

中央扫黑除恶专项斗争正式启动不到半年，某市公安局就打掉了一个以陈某为首的黑恶势力团伙，以组织领导参加黑社会性质组织罪逮捕陈某，并抓获其团伙骨干成员 16 人。办案人员发现，2001 年 7 月，陈某涉嫌故意杀人被网上通缉，最后竟以过失致人死亡罪被判刑，后来发现某区人民检察院原公诉科内勤夏某将公诉内卷私自销毁。顺藤摸瓜，陈某背后相互串通的其他"保护伞"一一被挖出，分别为某派出所教导员郑某、某刑警大队副大队长马某、某区人民检察院公诉科科长郑某某、某区人民检察院副检察长焦某、某区人民法院刑一庭庭长马某某、某市中级人民法院刑一庭庭长张某、某区人民法院审判员陈某某。

解析

清除害群之马，净化政法干部队伍。此案充分反映出个别政法干警丧失党性、漠视法纪，与违法犯罪分子沆瀣一气、狼狈为奸，性质严重、影响恶劣……这一案件比较突出的特点是涉及政法系统部门多、人员多。这些违纪违法干警长期在同一地域工作，熟人多、人情重，干警之间、干警与执法对象之间形成利益共同体，导致窝案串案多发。

对于问题产生的原因，主要是政法机关性质特殊、专业性强，权力相对集中、自由裁量权较大，从严监督管理体系仍然存在一些短板弱项，侦查权、检察权、审判权、执行权既配合又制约的体制机制还不够完善，一些政法干警法纪观、权力观、利益观不正，由此使得司法腐败呈现出链状发展的结构。本案中，陈某背后相互串通的"保护伞"涉及区公检法部门以及市中院，是一起典型的窝串案。

扫黑除恶斗争是一场攻坚仗，也是一场持久仗。打掉这些"保护伞"恰恰说明，对涉黑涉恶腐败和充当"保护伞"的政法干警，不管什么人、什么领域、官职有多高，只要充当幕后"黑后台"，或者包庇、纵容黑恶违法犯罪分子的，一律深挖彻查、严惩不贷，都要受到法律的严惩，决不搞下不为例。广大政法干警要深刻汲取本案教训，牢固树立正确的权力观，正确行使手中权力，敢于和黑恶势力鲜明旗帜地坚决斗争，不为黑恶势力犯罪充当"保护伞""关系网"，始终做到忠诚、干净、担当。

学 习 思 考

1. 纵容黑恶势力有哪些表现？

2. 黑恶势力的判断标准有哪些？

3. 黑恶势力"保护伞"有哪些类型？

4. 包庇黑社会性质组织罪有哪些犯罪构成要件？

第八讲　严格依法履职，决不滥用权力

> 严禁滥用执法司法权。决不允许逐利执法、越权执法、过度执法，滥用侦查措施、强制措施、自由裁量权，插手经济纠纷。
>
> ——《新时代政法干警"十个严禁"》

习近平总书记强调："'公生明，廉生威。'执法司法是否具有公信力，主要看两点，一是公正不公正，二是廉洁不廉洁。"[①] 近年来，执法司法规范化建设取得了很大进步，但滥用执法司法权问题仍然时有发生。"十个严禁"对滥用执法司法权作了明令禁止性规定，回应了人民群众对执法司法乱作为、不作为等问题的强烈诉求，确保执法司法权在制度的笼子里规范运行。新时代政法干警要始终保持对法治的敬畏之心，遵守法律、厉行法治，依法规范行使执法司法权，既不能越位，也不能缺位，既不能滥用权力，也不能不作为，切实提升执法司法公信力。

---

① 中共中央文献研究室编：《十八大以来重要文献选编》（上），中央文献出版社 2014 年版，第 718 页。

一、提升执法质量，杜绝不规范问题

建设法治政府，推进依法行政，需要坚持两个原则：一是职权法定，二是权责一致。[①] 但由于执法理念还不够到位、追责机制不够健全等原因，逐利执法、越权执法、过度执法等现象在执法实践中依然存在。针对这一情况，"十个严禁"作出了"决不允许逐利执法、越权执法、过度执法"的规定。新时代政法干警要进一步增强执法主体意识、程序公正意识和为民服务意识，准确适用法律，规范权力运行，多一些柔性执法、文明执法、善意执法，减少乃至消除逐利执法、越权执法、过度执法，以宽严相济的尺度、合理合法的方式赢得人民群众的理解和支持。

第一，逐利执法。所谓逐利执法，是指执法机关或代表执法机关的个人、团体以逐利为主要目的的执法活动，简单地说就是通过执法来增加单位和个人的"经济利益"，其本质是将作为公共权力的执法权沦为谋取利益的工具。早前媒体曝出的"色情场所钓鱼执法""超载月票""天价罚单""争地盘抢开罚单"等现象就是例证。据 2021 年 4 月《半月谈》报道，北方某县全年一般公共预算收入才 1 个亿出头，其中竟然有 3000 多万来自交通违章罚款。

逐利执法成为民生之痛的背后，既有执法理念、执法方式的粗疏错漏，更是错误的政绩观在作祟。在扭曲变形的绩效考核驱使下，如果执法部门和人员以利益为导向，以罚代管，将执法处罚作为牟利创收的工具，就会导致执法跑偏走歪。要从根本上遏制逐利执法，除了要解决执法配套制度不完善、违规监督不及时、执法违规成本低等问题之外，执法人员要树立正确的政绩观，深化为民理念，坚持宽严相济，坚决杜绝

[①]　应松年：《从依法行政到建设法治政府》，《人民日报》2016 年 8 月 31 日。

"大呼隆、一阵风"等运动式执法和"为了处罚而处罚"等收费式的逐利执法；同时要认真执行处罚流程，严格落实罚缴分离、收支两条线等制度，营造起依法执法、依法办事的良好社会氛围。

第二，越权执法。依法行政首先是依职权行政，超越职权属重大且明显违法的情形。越权执法的具体表现主要包括两大类。

一是纵向越权。纵向越权，是指上下级行政机关、执法人员之间上级或下级行使了另一方的行政职权。比如，某县公安局的四名辅警，为完成大队办案任务，在没有按照规定与特勤中队沟通和没有正式民警参与的情况下，超越辅警职权，未办理任何法律手续对涉毒嫌疑人实施了传唤等行为，致一名涉毒人员在脱管状态下跳楼身亡，最终有 3 名辅警被以滥用职权罪追究刑事责任。

二是地域越权。一般情况下，行政机关只有在其管辖的空间范围内行使其行政职权才具有法律效力，否则即属超越地域管辖范围而应归入无效。 2019 年 4 月 18 日，某县公安局巡逻防暴大队在办理市公安局指定管辖的专案中，对同市另一辖区进行治安清查时发现一起卖淫嫖娼行为，并进行了治安管理处罚。后经法院审理认为，对涉及卖淫嫖娼的行政违法案件，只能由违法行为地的公安机关管辖，该起治安案件依法应由该辖区公安分局管辖。

第三，过度执法。过度执法就是执法活动中采取了过于积极甚至掺杂了暴力因素的执法手段，对相关人员给予超过有关法律法规规定的处罚后果甚至出现其他损害他人正当利益的执法行为。过度执法与维护法律秩序的初衷背道而驰，实质上属于违法行为。防止过度执法，要遵循三个原则。

一是适当性原则。通俗地讲，就是执法行为不能和执法目标"南辕北辙"。 2018 年，某地交警以"未保持机动车号牌完整与清晰"为由，对车牌老化、掉漆并不太严重的车主进行处罚。最后交警部门向当事人道歉并撤销相关处罚决定，并对涉事 3 名民警予以处分。

二是必要性原则。这要求执法人员在执法时，面对能达成法律目的的诸多方式，应选择对公民权利侵害最小的方式。2018年8月，某法院执行局工作人员到银行办理代存执行费过程中，以银行职工钱某、乔某拒不配合协助执行、阻碍执行为由，强行将钱、乔二人带至区法院进行询问，并分别给予钱、乔拘留15日、罚款2万元和给予支行罚款50万元的司法处罚，造成不良社会影响。事后，启动司法纠错程序，多人受到处理。

三是均衡性原则。该原则要求执法人员执法时，要权衡对公民个人权益的损害与对公共利益的保护之间的轻重关系。比如，急救车司机未携带证件驾驶被交警查获，车上载有重伤病人，交警应当放弃对司机的当场处罚，保证病人在最短时间内到医院接受抢救。

深度把握

如何妥善处理案件管辖相关争议

具体情形	处理方法
公安机关在办案过程中或者提出协作请求后，发现其他公安机关已经对同一涉案人员、企业或者同一案件及其关联案件立案的。	应当与有关公安机关就管辖问题进行协商；协商不成的，应当层报共同的上级公安机关指定管辖。
上级公安机关发现多个下级公安机关对同一涉案人员、企业或者同一案件及其关联案件立案的。	应当予以协调，确定案件管辖单位。

具体情形	处理方法
协作地公安机关发现多个公安机关分别对同一涉案人员、企业或者同一案件及其关联案件立案并提出协作请求的。	应当优先向首先提出协作请求的公安机关提供协助,并告知有关公安机关管辖冲突情况。有关公安机关应当就管辖问题进行协商;协商不成的,应当层报共同的上级公安机关指定管辖。
协作地和办案地公安机关因案件管辖、定性处理或者采取强制措施、侦查措施等发生争议的。	应当充分沟通协商;协商不成的,应当将有关情况层报共同的上级公安机关。
几个公安机关都有权管辖的经济犯罪案件。	由最初受理的公安机关管辖。必要时,可以由主要犯罪地的公安机关管辖。对管辖不明确或者有争议的,应当协商管辖;协商不成的,由共同的上级公安机关指定管辖。
对协作过程中获取的犯罪线索,不属于自己管辖的。	应当及时移交有管辖权的公安机关或者其他有关部门。
注意事项	(1)严禁在管辖争议解决前,擅自派警跨所属公安机关管辖区域办案。依法依规进行先期处置的除外。 (2)严禁对异地公安机关依法提出且法律手续完备的办案协作请求不予配合、故意阻挠、制造管辖争议、争夺案源战果,或者设置条件、收取费用、推诿拖拉。 (3)严禁未按规定报经批准,佩带枪支跨所属公安机关管辖区域执行任务。现场紧急情况除外。 (4)严格履行异地办案协作手续,落实归口接收、审查要求,健全案件管辖、定性处理等争议解决机制,禁止违规违法争抢有罚没收益的案件管辖权。

(资料来源:根据《公安机关办理刑事案件程序规定》等法律法规整理)

依据参考

关于严禁逐利执法、越权执法、过度执法的相关规定要求

《法治中国建设规划（2020—2025年）》

（十六）加强对执法工作监督。加强省市县乡四级全覆盖的行政执法协调监督工作体系建设，强化全方位、全流程监督，提高执法质量。加大对执法不作为、乱作为、选择性执法、逐利执法等有关责任人的追责力度，落实行政执法责任制和责任追究制度。

《最高人民检察院 公安部关于公安机关办理经济犯罪案件的若干规定》

第七十三条　具有下列情形之一的，公安机关应当责令依法纠正，或者直接作出撤销、变更或者纠正决定。对发生执法过错的，应当根据办案人员在办案中各自承担的职责，区分不同情况，分别追究案件审批人、审核人、办案人及其他直接责任人的责任。构成犯罪的，依法追究刑事责任。

（一）越权管辖或者推诿管辖的；

……

《最高人民检察院关于充分发挥检察职能依法保障和促进非公有制经济健康发展的意见》

10. 严格规范司法行为。强化规范司法意识，明确司法行为不规范必然损害非公有制企业的合法权益。严禁越权办案、插手经济纠纷，严禁以服务为名到发案单位吃拿卡要报，严禁使用涉案单位的交通通讯工具和办公设备，严禁乱拉赞助和乱摊派，严禁干预发案单位的正常生产经营活动，严禁干预非公有制企业合法自主经济行为。对于知法犯法、违法办案的，发现一起、处理一起、通报一起，让司法不规范行为见人、见事、见案件，依法保护非公有制企业合法权益。

案例解析

到底谁有权查禁处置无主河砂

2017年10月，某市公安局治安大队在参加河道非法采砂联合整治行动中，在该市水利行政部门未将该案作为涉嫌犯罪线索移送刑事立案侦查的情况下，违规对归拢、转运的无主河砂没收、变卖，并将部分变卖款12万元存入市公安局非税收入账户。根据相关法律法规规定，查禁非法采砂的行政执法权属于河道主管机关，市公安局治安大队违规处置无主河砂。2021年1月，市纪检监察部门对相关责任人员进行追责，将违规没收款项上缴国库。

解析

在我国，法律按行政机关主管事项的不同性质来确定其行政职权范围，不同的部门有着不同的事务主管权限。超越了本部门的主管范围而行使了其他行政机关行使的职权，就属于事务越权，如市场监管部门吊销食品卫生许可证即属于事务越权，应由卫生行政部门去执行。

本案中，河道采砂是河道管理的重要内容。根据河道管理条例的规定，国务院水利行政主管部门是全国河道的主管机关。各省、自治区、直辖市的水利行政主管部门是该行政区域的河道主管机关。各级水利行政主管部门按照分级管理原则负责河道采砂管理工作。因此，本案存在执法主体不适格问题，是一起比较典型的越权执法。

之所以出现这种越权执法的行为，根源在于部门和个人利益的驱使。在一些地方，行政处罚权在某种程度上成了部门和个人利益的一个象征，这项权力越大，权力的触角伸得越长，其"创收"也往往更加丰厚。这使得许多行政处罚权演变成了谋取非法利益的工具，经济处罚从手段变成了目的。

行政处罚法第17条规定："行政处罚由具有行政处罚权的行政机关

在法定职权范围内实施。"法无明文规定，行政机关不得自行扩张其权力。近些年，公安部出台了《公安机关禁止逐利执法"七项规定"》等多项禁令，在全国公安系统队伍教育整顿中也把逐利性执法等突出问题纳入顽瘴痼疾专项整治范围，划定了不创收、不逐利等红线，取得了明显成效。

新时代政法干警应该深刻认识逐利执法的危害，自觉斩断逐利执法背后的各种利益链条，按照职权法定的原则，在法律法规规定范围内行使权力，避免趋利性单方面跨区域、跨行业越权执法。

二、慎用处置措施，规范自由裁量权

"十个严禁"明确规定，决不允许滥用侦查措施、强制措施、自由裁量权。侦查措施、强制措施、自由裁量权作为法律赋予政法机关的一种权力，可以帮助查清犯罪事实，有效惩治犯罪，保证执法司法活动的顺利进行。但侦查措施、强制措施、自由裁量权也是一把"双刃剑"，如果滥用就会对公民的合法权益造成威胁甚至侵害。新时代政法干警应该准确把握侦查措施、强制措施的必要性，在准确认定案件事实、正确适用法律、确保个案公正的基础上规范行使自由裁量权，切实保护当事人合法权益、维护执法司法权威。

第一，滥用侦查措施。侦查措施，是指侦查犯罪过程中所采取的各种收集、调取犯罪嫌疑人有罪或者无罪、罪轻或者罪重证据材料的措施，包括讯问犯罪嫌疑人、询问证人、勘验、检查、搜查、查封扣押物证书证、鉴定、技术侦查措施、通缉等。

司法实践中，侦查措施违法常见样态有：采用刑讯逼供等非法方法收集犯罪嫌疑人供述的；采用暴力、威胁等非法方法收集证人证言、被害人陈述，或者以暴力、威胁、贿买等方法阻止证人作证或者指使他人作伪证的；伪造、隐匿、销毁、调换、私自涂改证据，或者帮助当事人毁灭伪造证据的；非法搜查他人身体、住宅，或者非法侵入他人住宅的；对于案件无关的财物采取查封、扣押、冻结措施，或者应当解除查封、扣押、冻结不解除的；贪污、挪用、私分、调换、违反规定使用查封、扣押、冻结的财物及其孳息的；应当退还取保候审保证金不退还的；等等。

特别需要注意的是，技术侦查措施是随着犯罪隐秘化、组织化而产生的，只能适用于打击违法犯罪，具有严格的适用条件。民警黄某和收债公司员工何某某经朋友介绍认识后，黄某利用技侦手段帮收债公司找债务人，获利近 10 万元，被法院判处有期徒刑 3 年 6 个月。

第二，滥用强制措施。强制措施包括行政和刑事强制措施。行政强制措施是行政机关依其职权采取强制手段限制特定相对人行使某项权利或强制履行某项义务的处置行为。刑事强制措施是国家为了保障侦查、起诉、审判活动的顺利进行，而授权司法机关对犯罪嫌疑人、被告人采取的限制其一定程度人身自由的方法，一般包括拘传、取保候审、监视居住、拘留、逮捕。强制措施必须依照法律规定适用，包括按照法定的强制措施的种类、条件、程序、期限等适用，否则就是对强制措施的滥用。比如，超期羁押问题被称为刑事司法的一大"顽疾"，犯罪嫌疑人已经羁押了很长时间，但是没有拿到充分的证据，判不了、不想放，进退两难、骑虎难下，容易出现冤假错案。

第三，滥用自由裁量权。有权力就有裁量，有裁量就有限度。从现实来看，任意两件行政执法和刑事处罚事项，由于违法者的违法情况和程度都不可能完全相同。裁量标准宽泛，再加上执法司法权专业性强，自由裁量权大，对同样的违法犯罪行为处罚结果可能差异很大，很容易引发对执法司法公平性的猜疑。某市法院审判监督庭原副庭长郑某某在刑事审判、民事审判及执行案件中，多次收受案件当事人、代理律师等财物共计 30 余万元，由其经办的一个上诉案件，面对同一犯罪事实，郑某某将送钱的嫌疑人从 10 年刑期改判为 5 年，没送钱的嫌疑人则维持原判，"有钱轻判、没钱重判""同案不同判"，严重损害社会公平正义。

　　自由裁量权的控制是一项系统性的复杂工程，那么，对于政法干警来讲，如何防止权力滥用，实现个案公正呢？一方面，广大政法干警要持续提升执法司法办案水平，合法合理合情地行使自由裁量权，不能凭个人好恶和人情关系来裁断案件；另一方面，没有监督的权力必然导致腐败，这是一条铁律。① 政法干警要主动接受系统内外各方面的监督，遵循政法系统内部制约和流程控制机制，确保法律公正有效实施。

深度把握

如何规范技术侦查措施的应用

项目	具体要求
主体	国家安全机关、公安机关
适用对象	犯罪嫌疑人、被告人以及与犯罪活动直接关联的人员。
适用范围	（1）危害国家安全犯罪、恐怖活动犯罪、黑社会性质的组织犯罪、重大毒品犯罪或者其他严重危害社会的犯罪案件； （2）重大的贪污、贿赂犯罪案件，以及利用职权实施的严重侵犯公民人身权利的重大犯罪案件； （3）追捕被通缉或者批准、决定逮捕的在逃的犯罪嫌疑人、被告人的案件。

---

① 《习近平谈治国理政》（第一卷），外文出版社 2014 年版，第 418 页。

续表

项目	具体要求
批准有效期	批准决定自签发之日起 3 个月以内有效。对于不需要继续采取技术侦查措施的，应当及时解除；对于复杂、疑难案件，期限届满仍有必要继续采取技术侦查措施的，经过批准，有效期可以延长，每次不得超过 3 个月。
申请执行程序	公安机关需要采取技术侦查措施的，应当制作呈请采取技术侦查措施报告书，报设区市以上公安机关负责人批准，制作采取技术侦查措施决定书。人民检察院等部门决定采取技术侦查措施，交公安机关执行的，由设区市以上公安机关按照规定办理相关手续后，交负责技术侦查的部门执行，并将执行情况通知人民检察院等部门。

　　（资料来源：根据《中华人民共和国刑事诉讼法》《公安机关办理刑事案件程序规定》等法律法规整理）

依据参考

关于严禁滥用侦查措施、强制措施、自由裁量权的相关规定要求

《法治中国建设规划（2020—2025 年）》

完善对查封、扣押、冻结等侦查措施的监督机制。

全面推行行政裁量权基准制度，规范执法自由裁量权。

《人民法院工作人员处分条例》

第三十九条　故意违反规定采取强制措施的，给予警告、记过或者记大过处分；情节较重的，给予降级或者撤职处分；情节严重的，给予开除处分。

第八十三条　因过失导致错误裁判、错误采取财产保全措施、强制

措施、执行措施，或者应当采取财产保全措施、强制措施、执行措施而未采取，造成不良后果的，给予警告、记过或者记大过处分；造成严重后果的，给予降级、撤职或者开除处分。

《检察人员纪律处分条例》

第八十条 违反有关规定采取、变更、解除、撤销强制措施的，给予记过或者记大过处分；情节较重的，给予降级或者撤职处分；情节严重的，给予开除处分。

《最高人民检察院 公安部关于公安机关办理经济犯罪案件的若干规定》

第四条 公安机关办理经济犯罪案件，应当严格依照法定程序进行，规范使用调查性侦查措施，准确适用限制人身、财产权利的强制性措施。

第十八条第二款 公安机关立案后，应当采取调查性侦查措施，但是一般不得采取限制人身、财产权利的强制性措施。确有必要采取的，必须严格依照法律规定的条件和程序。严禁在没有证据的情况下，查封、扣押、冻结涉案财物或者拘留、逮捕犯罪嫌疑人。

《公安机关办理刑事案件程序规定》

第一百五十八条 公安机关发现对犯罪嫌疑人采取强制措施不当的，应当及时撤销或者变更。犯罪嫌疑人在押的，应当及时释放。公安机关释放被逮捕的人或者变更逮捕措施的，应当通知批准逮捕的人民检察院。

第一百五十九条第一款 犯罪嫌疑人被逮捕后，人民检察院经审查认为不需要继续羁押，建议予以释放或者变更强制措施的，公安机关应当予以调查核实。认为不需要继续羁押的，应当予以释放或者变更强制措施；认为需要继续羁押的，应当说明理由。

第一百七十四条第二款 调查核实过程中，公安机关可以依照有关法律和规定采取询问、查询、勘验、鉴定和调取证据材料等不限制被调查对象人身、财产权利的措施。但是，不得对被调查对象采取强制措施，不得查封、扣押、冻结被调查对象的财产，不得采取技术侦查措施。

案例解析

如此取证，把自己送进了班房

2018年9月19日12时许，被害人吴某因涉嫌贩卖毒品罪被某派出所从其家中抓获并带回该所。到案后，吴某拒不供认贩卖毒品的犯罪事实。为取得吴某有罪供述，该所办案人员王某、刘某某经合谋，将吴某从该所办案区带至未安装监控设备的办公区调解室，对吴某进行殴打。吴某遭到殴打后，承认了贩卖毒品的犯罪事实，从带回办案区内的监控录像可以看出吴某右侧额头和左侧眼角有明显伤痕。法院经审理认为，被告人王某、刘某某身为司法工作人员，为取得犯罪嫌疑人有罪供述，对犯罪嫌疑人实行刑讯逼供，其行为均已构成刑讯逼供罪。

解析

所谓刑讯逼供，是指执法司法工作人员采用肉刑或变相肉刑乃至精神刑等残酷的方式折磨被讯问人的肉体或精神，以获取其供述的一种极恶劣的刑事司法审讯方法。随着法治观念的增强，刑讯逼供现象有一定程度的减少，但在司法实践中依然存在。

本案中，办案人员王某、刘某某为取得犯罪嫌疑人的有罪供述，将吴某带至未安装监控设备的办公区调解室，对吴某进行殴打，导致其右侧额头和左侧眼角有明显伤痕。刑讯逼供违背程序正义的要求，可能冤枉无辜，增加案件的错误成本。

减少和消除刑讯逼供，最根本的还是要把非法证据排除规则运用到刑事诉讼的每一个环节，切实防止刑讯逼供和冤错案件。这就要求广大政法干警牢固树立保护人权观念，坚决贯彻无罪推定和疑罪从无的原则，全面审查证明证据收集合法性的证据材料，依法排除非法证据。只要排除非法证据这张法网步步收紧，大量"带病移送"的有罪供述就会因缺乏证据能力、不具准入资格而丧失证明力，冤错案件才能得以从源头防范、于审前杜绝。

三、维护市场秩序，不插手经济纠纷

2019 年 2 月 25 日，中央全面依法治国委员会第二次会议强调："法治是最好的营商环境。要把平等保护贯彻到立法、执法、司法、守法等各个环节，依法平等保护各类市场主体产权和合法权益。"[①] 作为肩负打击经济犯罪重任的政法机关，这些年依法办理经济犯罪案件，特别是大案要案，有力维护了社会主义市场经济秩序。但个别政法机关和政法干警非法越权干预经济纠纷的事件，在现实中时有发生。对此，"十个严禁"作出了决不允许插手经济纠纷的规定。新时代政法干警应该全面分析案件不同法律关系、司法政策导向等因素，准确把握罪与非罪的界限，避免动辄抱着刑法去"扣帽子"，防止机械司法，减轻市场主体的顾虑，为社会创造更多财富、激发更大活力、作出更大贡献。

发生插手经济纠纷的原因主要有以下几个方面。

第一，为其中一方谋取私利。有的接受一方当事人的委托后，动辄以经济犯罪，如合同诈骗、职务侵占等罪名，对正常的经济纠纷启动侦查措施，进行刑事立案，甚至抓捕对方当事人，在逼取债务或者达到委托人目的后，再考虑放人。某市人民检察院招待所原负责人王某某非法插手经济纠纷，驾驶该院警车去企业查账取证，同时还有其他犯罪行为。后来，王某某被开除公职，被判处有期徒刑 13 年。

---

① 《习近平主持召开中央全面依法治国委员会第二次会议强调 完善法治建设规划提高立法工作质量效率 为推进改革发展稳定工作营造良好法治环境》，《人民日报》2019 年 2 月 26 日。

第二，对案件定性认识错误。由于一些办案人员业务水平不高，以及经济活动的日益复杂化，很多案件刑民之间区分难度确实很大，容易陷入"认知错误"，对正常经济活动造成干扰。某通讯公司在未取得农道土地使用权方担保公司的许可，也未获得国土资源部门审批的情况下，在农道上建设基站信号塔的供电线路工程。后被担保公司在农道上清淤作业时发现，且电线杆妨碍清淤工作。担保公司在向相关行政部门询问无果的情况下，将架设的98根电线杆拔除，造成部分电线杆断裂。2019年11月27日，公安机关立案侦查。后来，检察机关监督认为，某担保公司私力维权行为虽然不当，但仍然属于民事行为，于是监督撤案。

第三，受到当事人恶意欺骗。一些案件报案人在陈述过程中，故意夸大事实，隐瞒真实的经济关系，而办案人员在缺乏调查了解的情况下，就会因此导致"误判"，最终错误介入一件普通的经济纠纷案件。2015年9月，某科技公司恶意隐瞒公司存在非备案章的事实，以公司印章被他人伪造为由虚假报案，骗取公安机关刑事立案，致使民事再审程序无法顺利进行，以及他人被列入失信被执行人名单，并被采取限制消费令。2019年5月，检察机关依法监督撤案。

司法权是对案件事实和法律的判断权和裁决权，要求司法人员具有相应的实践经历和社会阅历，具有良好的法律专业素养和司法职业操守。[①] 因此要杜绝上面诸种现象，一方面，广大政法干警要不断提升法律素质和业务本领，增强辨别经济纠纷与经济犯罪的办案能力，让执法司法成为守护企业和企业家合法权益的有力保障，从而促进企业家专心创业、放心投资、安心经营；另一方面，对执法司法的干扰在一定程度上讲是客观存在的，广大政法干警遇到这种情况时要坚守法治不动摇，排除各种干扰，"以至公无私之心，行正大光明之事"。同时，政法干警

---

① 中共中央宣传部、中央全面依法治国委员会办公室编：《习近平法治思想学习纲要》，人民出版社、学习出版社2021年版，第113页。

要主动接受检察机关对刑事案件办理过程的监督，有效避免减少执法司法权的滥用，防止冤假错案所导致的"100－1＝0"的社会效果。

深度把握

如何区分经济纠纷中的欺诈和刑事诈骗犯罪

项目	经济纠纷中的欺诈	刑事诈骗犯罪
概念不同	民事欺诈，是指故意将不真实的情况当作真实的情况加以表示，以使他人产生误解，进而做出意思表示。如果是合同缔结中的欺诈，属于民事侵权；如果是合同履行中的欺诈，则属于民事违约。	刑事诈骗犯罪是行为人采取虚构事实、隐瞒真相的手段以非法占有他人财产为目的的危害社会行为。
目的不同	不以非法占有对方财产为目的。	以非法占有相对人财产为目的，采用诈骗手段直接侵害他人财产权益的行为。
欺骗程度不同	如果行为人虽然采用欺骗手段，但并没有达到使他人无对价交付财物的程度，则只是民事欺诈，尚不构成诈骗罪。	如果行为人采用的欺骗手段达到了使他人产生认识错误并处分财物的程度，则构成诈骗罪。
解决方式不同	当事人可以自愿选择和解、调解、仲裁等方式予以解决，也可以通过民事诉讼方式保护其合法权益。	受害人一方难以通过单一的民事诉讼方式来实现其权益，必须请求国家公权力动用刑事手段来保护其财产权益。
实质界限	行为人是否通过虚假事实来骗取他人财物并具有严重的社会危害性。	

（资料来源：根据陈兴良《民事欺诈和刑事欺诈的界分》等整理）

依据参考

关于严禁插手民事经济纠纷的有关规定要求

《中国共产党纪律处分条例》

第一百二十六条 党员领导干部违反有关规定干预和插手市场经济活动，有下列行为之一，造成不良影响的，给予警告或者严重警告处分；情节较重的，给予撤销党内职务或者留党察看处分；情节严重的，给予开除党籍处分：

（一）干预和插手建设工程项目承发包、土地使用权出让、政府采购、房地产开发与经营、矿产资源开发利用、中介机构服务等活动的；

（二）干预和插手国有企业重组改制、兼并、破产、产权交易、清产核资、资产评估、资产转让、重大项目投资以及其他重大经营活动等事项的；

（三）干预和插手批办各类行政许可和资金借贷等事项的；

（四）干预和插手经济纠纷的；

（五）干预和插手集体资金、资产和资源的使用、分配、承包、租赁等事项的。

《最高人民检察院 公安部关于健全完善侦查监督与协作配合机制的意见》

人民检察院要依法开展立案监督、侦查活动监督工作，及时发现和纠正应当立案而不立案、不应当立案而立案、长期"挂案"和以刑事手段插手经济纠纷等违法情形；及时发现和纠正刑讯逼供、非法取证等侦查违法行为，从源头上防范冤假错案发生；规范强制措施和侦查手段适用，切实保障人权。

《最高人民检察院 公安部关于公安机关办理经济犯罪案件的若干规定》

第二条　公安机关办理经济犯罪案件，应当坚持惩罚犯罪与保障人权并重、实体公正与程序公正并重、查证犯罪与挽回损失并重，严格区分经济犯罪与经济纠纷的界限，不得滥用职权、玩忽职守。

《最高人民法院关于充分发挥审判职能作用切实加强产权司法保护的意见》

严格区分经济纠纷与刑事犯罪，坚决防止把经济纠纷当作犯罪处理。充分考虑非公有制经济特点，严格把握刑事犯罪的认定标准，严格区分正当融资与非法集资、合同纠纷与合同诈骗、民营企业参与国有企业兼并重组中涉及的经济纠纷与恶意侵占国有资产等的界限，坚决防止把经济纠纷认定为刑事犯罪，坚决防止利用刑事手段干预经济纠纷。对于各类经济纠纷，特别是民营企业与国有企业之间的纠纷，不论实际损失多大，都要始终坚持依法办案，排除各种干扰，确保公正审判。

案例解析

帮助客户催收欠款，指使下属违规立案

某金融外包服务公司长期有多名客户信用卡逾期未还，而且多次上门催收无果。该公司部门经理冯某某带着红包上门拜访某市公安局新区分局经侦（禁毒）大队原筹建负责人曹某某。收到红包后，曹某某明知此事不属于其管辖范围，但仍立即打电话警告这些客户其行为涉嫌信用卡诈骗，如不按期还款，将对其立案刑拘。对方一听公安机关介入，急忙归还欠款。若遇到欠款金额大的，曹某某还身着警服上门催债。2018 年至 2019 年，曹某某在未经受案、初查、立案等程序的情况下，以警察的身份对信用卡欠款逾期客户进行催收，从中收受

"好处费"共计49万余元。2020年3月，该公司以张某某涉嫌职务侵占及挪用资金为由向曹某某所在的区公安分局报警，曹某某在明知该区公安分局没有管辖权的情况下，违反相关规定，指使下属民警对张某某予以立案。同时曹某某还涉嫌其他犯罪，被法院判处有期徒刑11年，并处罚金人民币50万元。

解析

为禁止公安机关插手经济纠纷，公安部早就出台过《关于严禁越权干预经济纠纷的通知》《关于严禁公安机关插手经济纠纷违法抓人的通知》及《关于公安机关不得非法越权干预经济纠纷案件处理的通知》等文件，三令五申严禁插手经济纠纷，纠正办理经济案件中的各种违规违法和犯罪行为。

但有的干警为了一己之私，不顾法律规定，非法越权干预经济纠纷，这不是简单的不正之风问题，而是严重的违纪违法甚至犯罪行为。本案中，曹某某受人之托，公然以警察的身份动辄以立案相威胁，甚至穿着警服上门催债。特别是在明知区公安分局对案件没有管辖权的情况下，居然指使下属民警立案。如此办案，不仅无益于经济纠纷的解决，还会导致矛盾的扩大化、复杂化，使事态滑向失控的边缘，同时也严重损害了职务廉洁性，损害了政法机关形象。

将经济纠纷当刑事犯罪立案，是权力寻租的腐败规则在作祟。想要避免这样的"恶意执法"，关键是广大政法干警要坚持依法办案，严格区分经济纠纷与经济犯罪的界限，准确把握经济违法行为入刑标准，坚决防止利用刑事手段介入经济纠纷，坚决防止把普通经济纠纷认定为刑事犯罪。同时政法干警要自觉强化纪律意识，严格按照各项纪律要求处理问题，绝不能利用执法司法办案谋取个人私利。

学 习 思 考

1. 如何从根本上遏制逐利执法、越权执法、过度执法？

2. 滥用侦查措施的常见违法样态有哪些？

3. 如何防止执法司法人员滥用自由裁量权？

4. 结合自己的本职工作，谈谈如何排除非法证据？

5. 发生插手经济纠纷的原因有哪些？如何防止类似现象的发生？

第三篇

严明纪律作风，走好群众路线

习近平总书记指出，"人民是我们力量的源泉"①，"历史反复证明，人民群众是历史发展和社会进步的主体力量"②。新时代我国社会主要矛盾发生了历史性变化，人民群众对安全、公平、正义等方面的新需要日益增长，对政法战线履行好职责使命充满新期待。"十个严禁"从严明纪律作风、践行宗旨意识的角度，对广大政法干警提出了具体要求。新时代政法干警必须要把党和人民的利益放在心中最高位置，严格遵守各项群众纪律，坚持锤炼过硬作风，始终依靠人民、服务人民，切实做到执法为民，当好群众利益的"守护者"。

---

① 《习近平谈治国理政》（第一卷），外文出版社 2014 年版，第 410 页。
② 《习近平谈治国理政》（第一卷），外文出版社 2014 年版，第 27 页。

第九讲　拒绝懒政乱作为，不耍特权抖威风

严禁不作为乱作为、耍特权抖威风。决不允许漠视群众利益，对待群众简单粗暴、推诿扯皮、吃拿卡要。

——《新时代政法干警"十个严禁"》

"在其位，谋其政。"为官不为，就是放弃做官应尽的责任，这是一种懒政、是一种渎职，也是另一种腐败。习近平总书记在党的群众路线教育实践活动总结大会上的讲话中强调："我们做人一世，为官一任，要有肝胆，要有担当精神，应该对'为官不为'感到羞耻，应该予以严肃批评。""十个严禁"对当前政法队伍中存在的不作为乱作为、耍特权抖威风问题，以禁令形式从严规范整治，回应百姓的期待。广大政法干警要深入践行党的群众路线，加强权力观和政绩观教育，加强党纪政纪和法律法规教育，牢固树立正确的权力观、地位观和利益观，把人民对美好生活的向往作为奋斗目标，坚决摒弃漠视侵害群众利益的弊病，自觉维护和实现人民群众的根本利益，依法行政，秉公办事，多办强信心、暖人心、聚民心的实事，着力解决人民群众"急难愁盼"之事和"最恨最怨最烦"问题，不断增强人民群众的获得感、幸福感、安全感。

一、厚植为民情怀，维护群众利益

毛泽东同志在《论合作社》中指出："为群众服务，这就是处处要想到群众，为群众打算，把群众的利益放在第一位。"① 习近平总书记在参加十三届全国人大三次会议内蒙古代表团审议时讲话指出："我们党没有自己特殊的利益，党在任何时候都把群众利益放在第一位。这是我们党作为马克思主义政党区别于其他政党的显著标志。"② 在执法司法工作中，只有以人民群众的利益为根本利益，以人民群众对公平正义的期待为根本考量，我们才能不偏离人民司法的方向。广大政法干警要按照"十个严禁"的要求，决不能漠视和忽视群众利益，既要注重维护最广大人民根本利益和长远利益，又要切实解决群众最关心、最直接、最现实的利益问题。

对于政法干警来说，重视和维护群众利益的要求，主要应做到以下三个方面。

一是思想上重视群众。政法干警心中想的是"为民服务"，还是"求我办事"，反映出的工作作风和服务效果有天壤之别。 2017 年 8 月，一名商人投资 2000 多万元承建的两栋楼房被他人强行转让给第三方。当事人多次到县公安局报案，但始终不予受理，也不说明理由。2018 年 3 月 20 日，接待当事人的经侦大队大队长白某某说："你们投资也不是我们让你来的，你们挣钱也不给我们公安局花，你们的钱也不是我们公安局骗的……"经研究，白某某受到党内严重警告处分，免去经侦大队大队长职务，涉嫌违法违纪问题移交纪检部门查处。这个案例中的白某某，就是背离"为民服务"的反面典型，权力观扭曲，宗旨意识

---

① 《毛泽东著作专题摘编》（下），中央文献出版社 2003 年版，第 1883 页。
② 习近平：《坚持人民至上》，《求是》2022 年第 20 期。

淡漠，工作中摆出一副趾高气扬、面目可憎的架势，把为民服务颠倒成"求我办事"。

二是作风上贴近群众。习近平总书记强调："群众路线是我们党的生命线和根本工作路线。"① 作为政法机关，要打开大门听取群众意见，做好群众工作，主动让群众参与、监督、评判，筑牢党长期执政的群众根基。比如，开展以案释法，目的是充分保障当事人和诉讼参与人合法权利，加强人民群众对执法司法办案工作的监督，但有的干警却不愿意耐心做好群众工作。 2019 年 10 月，某检察院检察官甘某某在办理王某某涉嫌故意伤害批准逮捕一案时，依法作出不批准决定后未及时开展释法说理工作，被害人王某某的近亲属因不理解检察机关决定而提出申诉，该院结合被害人近亲属提出的问题，认真开展释法说理工作，被害人接受决定。 2021 年 5 月 28 日，该院对检察官甘某某进行了批评教育。

三是行动上赢得群众。我们办理的每一起案件、作出的每一个执法司法决定，都会给当事人带来直接或间接的影响，这些影响包括财产利益、人格名誉、自由乃至生命。可以说，笔下有是非曲直，笔下有毁誉忠奸，笔下有财产万千，笔下有人命关天。新疆维吾尔自治区石河子市人民检察院退休检察官张飚，历经 5 年努力，推动浙江张氏叔侄强奸杀人冤案平反昭雪。对张飚来说这并非偶然，而是他长期践行"认真对待群众反映的问题"这一宗旨意识的体现。与之相反，有的干警不担当、不作为，履职不力，置群众利益于不顾。 2015 年 2 月，某镇司法所所长杭某某在担任包村领导期间，在明知林场存在非法占用土地、毁林、盗采等违法问题的情况下，没有开展实质性调查，未及时督促采取有效措施对盗采等违法行为予以制止，导致当地盗采现象不断，严重损害群众利益。 2019 年 12 月，杭某某受到党内警告处分。

---

① 《习近平谈治国理政》（第一卷），外文出版社 2014 年版，第 365 页。

"江山就是人民，人民就是江山"，是对党的历史经验的总结。广大政法干警要进一步严守纪律规矩、树立良好政德，在任何时候都把群众利益放在第一位，保持同人民群众的血肉联系，着力解决不作为、慢作为、乱作为和"门难进、脸难看、事难办"等不良倾向，扎实推动各项政法惠民措施落到实处，努力满足人民群众多元司法需求，以实际行动为群众利益保驾护航。

深度把握

漠视侵害群众利益问题自查清单

问题短板	表现形式
群众感情淡薄	高高在上，自视"官老爷"，看不起群众，不能甘拜群众为师。 淡忘全心全意为人民服务的宗旨，对群众反映的问题不重视。 不走群众路线，深入群众"走过场""蜻蜓点水"，不认真听取群众意见建议。
侵害群众利益	超标准、超范围向群众筹资筹劳、摊派费用，加重群众负担。 违反有关规定扣留、收缴群众款物或者处罚群众。 克扣群众财物，或者违反有关规定拖欠群众钱款。 在管理、服务活动中违反有关规定收取费用。 在办理涉及群众事务时刁难群众、吃拿卡要。 干涉生产经营自主权，致使群众财产遭受较大损失。 在社会保障、政策扶持、扶贫脱贫、救灾救济款物分配等事项中优亲厚友、明显有失公平。
欺压群众、充当黑恶势力"保护伞"	利用宗族或者黑恶势力等欺压群众。 纵容涉黑涉恶活动、为黑恶势力充当"保护伞"。

续表

问题短板	表现形式
漠视群众利益的不作为、乱作为	对涉及群众生产、生活等切身利益的问题依照政策或者有关规定能解决而不及时解决，庸懒无为、效率低下，造成不良影响。 对符合政策的群众诉求消极应付、推诿扯皮，损害党群、干群关系。 对待群众态度恶劣、简单粗暴，造成不良影响。 弄虚作假，欺上瞒下，损害群众利益。 盲目举债、铺摊子、上项目，搞劳民伤财的"形象工程""政绩工程"，致使国家、集体或者群众财产和利益遭受较大损失。 遇到国家财产和群众生命财产受到严重威胁时，能救而不救。
侵犯群众知情权	不按照规定公开党务、政务等，侵犯群众知情权。

（资料来源：根据《中国共产党纪律处分条例》等整理）

依据参考

关于严禁漠视群众利益的有关规定要求

《中国共产党章程》

总　纲

......

第四，坚持全心全意为人民服务。党除了工人阶级和最广大人民群众的利益，没有自己特殊的利益。党在任何时候都把群众利益放在第一位，同群众同甘共苦，保持最密切的联系，坚持权为民所用、情为民所系、利为民所谋，不允许任何党员脱离群众，凌驾于群众之上。我们党的最大政治优势是密切联系群众，党执政后的最大危险是脱离群众。党风问题、党同人民群众联系问题是关系党生死存亡的问题。党在自己的工作中实行群众路线，一切为了群众，一切依靠群众，从群众中来，到群众中去，把党的正确主张变为群众的自觉行动。

第三条 党员必须履行下列义务：

······

（七）密切联系群众，向群众宣传党的主张，遇事同群众商量，及时向党反映群众的意见和要求，维护群众的正当利益。

······

《关于新形势下党内政治生活的若干准则》

人民立场是党的根本政治立场，人民群众是党的力量源泉。我们党来自人民，失去人民拥护和支持，党就会失去根基。必须把坚持全心全意为人民服务的根本宗旨、保持党同人民群众的血肉联系作为加强和规范党内政治生活的根本要求。

《法治政府建设实施纲要（2021—2025年）》

（二十七）全面主动落实政务公开。坚持以公开为常态、不公开为例外，用政府更加公开透明赢得人民群众更多理解、信任和支持。大力推进决策、执行、管理、服务和结果公开，做到法定主动公开内容全部公开到位。加强公开制度化、标准化、信息化建设，提高政务公开能力和水平。全面提升政府信息公开申请办理工作质量，依法保障人民群众合理信息需求。鼓励开展政府开放日、网络问政等主题活动，增进与公众的互动交流。加快构建具有中国特色的公共企事业单位信息公开制度。

《中国共产党纪律处分条例》

第一百一十八条 遇到国家财产和群众生命财产受到严重威胁时，能救而不救，情节较重的，给予警告、严重警告或者撤销党内职务处分；情节严重的，给予留党察看或者开除党籍处分。

第一百一十九条 不按照规定公开党务、政务、厂务、村（居）务等，侵犯群众知情权，对直接责任者和领导责任者，情节较重的，给予警告或者严重警告处分；情节严重的，给予撤销党内职务或者留党察看处分。

《中国共产党政法工作条例》

第六条　政法工作应当遵循以下原则：

……

（二）坚持以人民为中心，专门工作和群众路线相结合，维护人民群众合法权益；

……

案例解析

超过办理期限，受到严重警告处分

2017年2月以来，某镇司法所所长卢某某在办理上级转办的群众信访件过程中慢作为，3次超过上级规定的办理期限，其中，在县政府作出第二次行政复议决定10个月后仍未按要求办结。卢某某漠视群众利益，对涉及群众切身利益的问题能解决而不及时解决，造成不良影响。2020年3月，卢某某受到党内严重警告处分。

解析

对于政法干警来说，人民立场的要求，就是要把维护人民群众的切身利益落实到每一起案件、每一个执法司法决定中。只有不忘对百姓、对社会的责任，怀着对群众的深厚感情去执法办案，才能让法律闪烁出人性的光辉，让百姓感受到法律的温暖。

信访工作是送上门来的群众工作，也是最直接、最现实的群众工作。对于政法干警来说，认真办理好每一封来信、每一批来访、每一次投诉，维护好群众的合法权益，就是为群众办实事。本案中，某镇司法所所长卢某某不能做到用心用情处理好群众反映的每一个诉求，在办理上级转办的群众信访件过程中慢作为，3次超过上级规定的办理期限，其中，在县政府作出第二次行政复议决定10个月后仍未按要求办结，造成不良影响。

这起案件之所以会发生，归根结底在于卢某某没有完全树牢以人为本的理念，没有保持对人民群众高度负责的态度，违背了对党忠诚、服务人民的要求。一方面，广大政法干警要进一步强化宗旨意识，既要办好大案要案，又要用心用情办好群众身边的"小案"，努力让人民群众在每一项执法活动、每一起案件办理中都能感受到公平正义；另一方面，要提高群众工作和为民服务的能力，经常走进城乡网格倾听群众声音，常态化开展"我为群众办实事"活动，保障执法质量和执法公信力不断提高，尽最大努力为人民群众营造一个安定、和谐、舒畅的生产生活环境。

二、热情周到服务，决不刁难群众

我们党最大的政治优势是密切联系群众，党执政后最大的危险是脱离群众。在政法领域，脱离群众的危险主要表现在三个方面：一是借用各种规章制度来隔绝与人民大众的关系，什么事情都是"公事公办"，态度冷漠；二是在群众工作中消极应付、推诿扯皮；三是个别政法干警有自己的特殊私利，与人民群众发生利益冲突。

"十个严禁"对这三种主要的侵害群众利益行为作出了禁止性规定。

一是简单粗暴。做群众工作，如果对群众缺少感情，态度生硬蛮横，方法简单粗暴，往往会把小矛盾闹成大问题。2019年2月9日，某派出所所长秦某某到KTV便装出警，在未出示证件的情况下对现场旁观人员洪某某进行盘查，因洪某某不予配合，秦某某便扇洪某某耳光。出警结束后，洪某某驾车挡住道路，参与出警的协警员疏导未果后将洪某某拖下车实施殴打。经检查，洪某某身体多处软组织挫伤。像这种对待群众简单粗暴，就是心中没有装着群众，是干部作风松懈问题。作为政法干警，要坚决破除"简单粗暴是小事""基层任务重压力大，干部简单粗暴不必较真"等错误思想，始终从群众的角度思考问题，高度重视解决群众诉求，让人民群众切实感受到"政法温度"。

二是推诿扯皮。对群众反映的问题诉求敷衍塞责、消极应付、久拖不办，甚至"踢皮球"，这是"为官不为"和不敢担当的表现。主要表现为工作拈轻怕重，岗位挑肥拣瘦；守土不尽责，在其位不谋其政，遇到矛盾绕道走，遇到群众诉求躲着行，出了问题上推下卸，有了功劳你争我抢；遇事不担责，面对矛盾不敢迎难而上，面对危机不敢挺身而出，面对失误不敢承担责任；等等。2017年8月23日22时，某县公安局抓获失信人员吴某后，联系县法院执行局负责该案的执行监督科副科长张某，张某以没有公车等为由，不愿意配合公安机关工作，甚至表示让公安机关释放已抓获的失信人员。经县公安局联系县法院有关领导下达指令后，张某才去执行相关任务。县法院对张某给予诫勉处理。面对急难险重任务，是故意拖延、敷衍塞责，还是主动作为、善作善为，这是检验一名政法干警真情怀、假情怀的重要尺度。广大政法干警面对各项工作任务和群众诉求，要直面问题、正视矛盾，"逢山开路、遇水架桥"，切实解决办事拖拉、推诿扯皮的问题，促进工作效能有效提升。

三是吃拿卡要。新时代政法干警必须明确，手中的权力是人民赋予的，只能用来为人民谋利益，而绝不能用来为自己谋取私利。这既是马克思主义的权力观，也是政法干警必须坚持的行为准则。吃拿卡要行为是把公共权力异化为"私权"的表现，借机以权谋私。2014年7月，某区检察院刑事执行检察科原科长靳某某参与机动车驾校的筹建工作，期间利用职务便利，向油田企业索要油管121根，折合人民币24200元。2017年11月，靳某某受到党内严重警告、行政撤职处分，退出检察官员额。这反映出个别干警政治站位不高，服务意识不强，工作作风不实，吃拿卡要、以权谋私，损害了群众利益。

习近平总书记强调："政法机关是老百姓平常打交道比较多的部门，是群众看党风政风的一面镜子。"① 政法工作与人民群众息息相关，涉及人民群众最关心、最直接、最现实的利益问题。新时代政法干警要毫不动摇把以人民为中心作为新时代政法工作的根本政治立场，坚决杜绝冷横硬推、态度粗暴、推诿扯皮、吃拿卡要问题，努力把最广大人民群众的根本利益实现好维护好发展好，以更加有力的举措、更加扎实的成效让人民群众有更多的法治获得感。

深度把握

在管理服务活动中故意刁难、吃拿卡要行为的认定与处理

构成要件与 行为界定		具体表现
故意 刁难、 吃拿卡要 行为的 构成要件	主体	本行为主体为一般主体，即具有一定职权的公职人员。
	主观 方面	本行为主观方面是故意，即明知自己的行为是侵犯群众利益的行为，仍实施该行为，希望或放任该结果发生。如果其主观方面是过失，则不能按该行为定性处理。
	客体	本行为侵犯的客体是群众合法利益。
	客观 方面	本行为主要表现在办理涉及群众事务时刁难群众、吃拿卡要。比如：应该受理的不予受理；受理后违反规定程序长时间拖着不办，迟迟没有结果；向群众提出不合理要求；利用职权向申请办理具体事项的群众索要钱物等。

---

① 中共中央文献研究室编：《十八大以来重要文献选编》（上），中央文献出版社2014年版，第718页。

续表

构成要件与行为界定	具体表现
区分刁难群众、吃拿卡要行为与失职渎职行为	前者在危害后果上一般相对轻微，没有造成严重损失或严重不良社会影响；后者则造成了较为严重的后果。
区分刁难群众、吃拿卡要行为与受贿行为	吃拿卡要行为在违法数额上相对较少，而受贿行为在数额上相对较高，达到受贿罪入刑的门槛，则需要援引政务处分法第64条的规定，违反本法规定，构成犯罪的，依法追究刑事责任。
区分故意刁难群众和群众申请事项不符合国家政策要求等不予受理的正常履职行为	本行为要求主观方面为故意，实践中，主要是要调取被调查人本人的交代，申请办理相关事项的群众的证言，来证明被调查人具有刁难群众的主观故意。如果被调查人提出正当的辩解理由，比如因申请事项不符合国家政策要求，或不符合相关程序而不予受理，同时能得到具体法规政策支撑，那么不能认定其具有刁难群众的主观故意，而是正常履行审查职责的行为。

（资料来源：《在管理服务活动中故意刁难、吃拿卡要行为的认定与处理》，西安市纪委监委网站2021年2月18日）

依据参考

关于严禁对待群众简单粗暴、推诿扯皮、吃拿卡要的有关规定要求

《中国共产党纪律处分条例》

第一百一十二条　有下列行为之一，对直接责任者和领导责任者，情节较轻的，给予警告或者严重警告处分；情节较重的，给予撤销党内职务或者留党察看处分；情节严重的，给予开除党籍处分：

（一）超标准、超范围向群众筹资筹劳、摊派费用，加重群众负担的；

（二）违反有关规定扣留、收缴群众款物或者处罚群众的；

（三）克扣群众财物，或者违反有关规定拖欠群众钱款的；

（四）在管理、服务活动中违反有关规定收取费用的；

（五）在办理涉及群众事务时刁难群众、吃拿卡要的；

（六）有其他侵害群众利益行为的。

在扶贫领域有上述行为的，从重或者加重处分。

《人民法院工作人员处分条例》

第六十一条 利用司法职权，以单位名义向公民、法人或者其他组织索要赞助或者摊派、收取财物的，给予记过或者记大过处分；情节较重的，给予降级或者撤职处分；情节严重的，给予开除处分。

第六十二条 故意违反规定设置收费项目、扩大收费范围、提高收费标准的，给予警告、记过或者记大过处分；情节较重的，给予降级或者撤职处分；情节严重的，给予开除处分。

第九十一条 因工作作风懈怠、工作态度恶劣，造成不良后果的，给予警告、记过或者记大过处分。

《检察人员纪律处分条例》

第一百二十五条 在检察工作中违反有关规定向群众收取、摊派费用的，给予警告、记过或者记大过处分；情节严重的，给予降级、撤职或者开除处分。

第一百二十六条 在从事涉及群众事务的工作中，刁难群众、吃拿卡要的，给予警告、记过或者记大过处分；情节严重的，给予降级、撤职或者开除处分。

第一百二十七条 对群众合法诉求消极应付、推诿扯皮，损害检察机关形象，情节较重的，给予警告、记过或者记大过处分；情节严重的，给予降级或者撤职处分。

第一百二十八条 对待群众态度恶劣、简单粗暴，造成不良影响，情节较重的，给予警告、记过或者记大过处分；情节严重的，给予降级或者撤职处分。

《公安机关人民警察内务条令》

第一百三十三条　公安民警应当在职责范围内，热情为求助群众提供必要帮助，耐心解答群众提出的问题，及时妥善处理群众报警或者报案，并认真做好记录。对不属于公安机关职责范围内的群众报警、报案或者求助，应当告知当事人向其他有关主管机关反映，情况紧急时应当给予协助或者协调处置。

案例解析

调解居民纠纷，竟然还收"调解费"

2014年8月至10月，某街道司法所副所长张某某在调解居民纠纷过程中，以"调解费"的名义违规向4户群众收取共计3900元，用于司法所公务用车的日常维修、加油等费用支出。2015年6月，县纪委给予张某某党内严重警告处分。此前，县司法局免去了张某某的司法所副所长职务。

解析

现实生活中，一些政法干警利用职权和职务上的影响，向管理服务对象吃拿卡要、谋取利益，为广大群众深恶痛绝。有的以"教育管理费""监管教育费"等名义向辖区社区矫正人员索要费用，有的在调解案件过程中违规收取法律服务费，有的在危房改造和灾后维修项目中违规收费据为己有，有的以向在押人员家属介绍在押人具体情况为由要求家属请吃并索要钱物，还有的在为村民办理身份证补领和户口迁移业务时违规超标准收费，等等。本案中，司法所副所长张某某以"调解费"的名义违规向4户群众收取共计3900元，显然属于吃拿卡要行为。

在一些基层干警眼中，相比于"大腐败"而言，吃一点、拿一点，似乎是"小事一桩"。当事人对此缺乏足够的警觉，社会对其存在也有一定的容忍度，认为这是人之常情，常常是"睁一只眼，闭一只眼"。这就很容易使一些干警产生侥幸心理，进而把手中为民服务的权力当成了自己的"摇钱树"，以至于吃拿卡要，不给好处不办事，给了好处乱办事。

殊不知，吃拿卡要这种容易被人忽视的微腐败，背后却折射着作风、照见了心态。其实，吃拿卡要这种"微腐败"的危害一点也"不微"，看似是不起眼的小事，实则是一种见不得阳光的潜规则。久而久之，这些干警就会渐渐失去警觉，一步步滑进万劫不复的腐败深渊，最终败坏了党风社风，危害不容小觑。

对待吃拿卡要这种"微腐败"，必须无微不"治"。广大政法干警要心存敬畏，时刻把纪律和规矩挺在前面，坚守法纪红线，筑牢拒腐防线，牢记"莫伸手，伸手必被捉"的道理，切莫心存侥幸，忽视吃拿卡要这种"微腐败"的存在及危害。

学 习 思 考

1. 如何理解"群众利益无小事"？
2. 漠视群众利益有哪些表现？
3. 你对"信访工作是送上门来的群众工作"是如何理解认识的？
4. 如何认定吃拿卡要行为？
5. 如何减少、消除推诿扯皮现象？

第十讲　警惕跑风漏气，防止失密泄密

严禁跑风漏气、失密泄密。决不允许以任何形式泄露党和国家秘密、政法工作秘密、商业秘密和公民个人信息。

——《新时代政法干警"十个严禁"》

保密工作无小事。毛泽东同志曾说："必须十分注意保守秘密，九分半不行、九分九也不行，非十分不可。"① 党的十八大以来，习近平总书记多次就做好保密工作作出重要指示，指出要全面推进各项保密工作，增强忧患意识、创新意识和责任意识，着重抓好定密管理、涉密人员管理、网络保密管理，切实筑牢保密防线。党的二十大报告指出："提高防范化解重大风险能力，严密防范系统性安全风险，严厉打击敌对势力渗透、破坏、颠覆、分裂活动。全面加强国家安全教育，提高各级领导干部统筹发展和安全能力，增强全民国家安全意识和素养，筑牢国家安全人民防线。""十个严禁"着眼于新时代条件下保密工作的形势需要，对政法干警提出了"严禁跑风漏气、失密泄密"的规定。新时代政法干警要高度重视保密工作，增强忧患意识、责任意识，始终把保密工作作为一项重要工作来抓，确保做到保密工作零泄密、零事故。

---

① 王英：《毛泽东重视和关怀档案工作》，《秘书》1994 年第 4 期。

一、保守党的秘密，维护国家秘密安全

党和国家秘密，是指关系党和国家安全和利益，依照法定程序确定，在一定时间内只限一定范围人员知悉的事项。"严格保守党和国家的秘密"，是党章中明文规定的党员义务，同时我国法官法、检察官法、警察法都把保守国家秘密作为义务予以规定。"十个严禁"再次重申，"决不允许以任何形式泄露党和国家秘密"。这就要求广大政法干警深入贯彻落实总体国家安全观，树牢保密意识，落实保密责任，严防泄密事件发生，保护党和国家的秘密安全。

在日常工作和生活中，政法领域泄露党和国家秘密案件的原因多种多样，值得高度警惕。

一是因懒泄密。在日常工作中，有的干警因时间紧、任务重就放松了工作标准和要求，出现各种"打折扣""搞变通""图方便""怕麻烦"的行为。某市委政法委干部马某某要求打字员赵某将自己的台式涉密计算机中储存的文件、资料复制到新配备的笔记本电脑中。赵某将两台计算机通过互联网连接，采取网上传输方式进行复制，导致大量涉密文件、资料泄露。马某某受到撤销领导职务、留党察看一年处分，并在全省范围内通报批评，调离原工作岗位。这就提醒我们，一定要防止因惰念而放松了工作标准和工作要求，避免发生难以挽回的后果。

二是因私泄密。某些干警考虑到亲情、友情、面子、学习需要等私人因素，将国家秘密作为实现个人意图的工具，进而导致泄密。有的是为了报复他人，不惜窃密扩散；有的是为供朋友学习参考，将所持密件拍照通过互联网传播；还有的是为了炫耀工作岗位"显赫"，将所持密件拍照上传至微信群等。

三是因贪泄密。具体表现为贪财、贪色及贪图其他非法利益，将泄密作为利益输送、利益交换的手段。 2018 年 6 月至 8 月，法官王某某

先后采用借阅、骗取案卷材料后偷拍等方式，非法获取大量卷宗材料，并通过手机微信或者电子邮件等方式将所拍摄材料提供给赵某某。经国家保密局鉴定，王某某伙同赵某某非法获取的材料中有 5 份属机密级国家秘密。期间，王某某非法收受涉案公司等给予的财物。 2022 年 6 月 20 日，经一审二审，王某某被法院以受贿、非法获取国家秘密罪判处有期徒刑 14 年，并处罚金、追缴违法所得。

保守党和国家秘密，关键在人，重点在于培养良好的保密意识与保密习惯，从思想、行为上不断严格要求自己。

一是守住思想防线。从近年来政法机关泄密案件查处情况看，有的政法干警敌情观念淡薄，防范意识不强，对于无孔不入的渗透、策反、窃密活动缺乏足够的警惕性。广大政法干警要将党和国家利益时刻放在首位，严禁将密件作为实现个人目的的工具和手段，绝不能将个人利益凌驾于党和国家秘密安全之上。

二是加强日常学习。广大政法干警要有"千忙万忙，不抓保密就是瞎忙"的责任意识，自觉开展经常性的保密知识学习，不能以日常事务性工作繁忙为借口忽视保密学习，深入汲取反面典型案例教训，对各种错误行为进行深入剖析，确保警钟长鸣，防患于未然。

三是做细日常工作。广大政法干警要管住自己的言行，不能信口开河，不该说的不说，不该做的不做；加强涉密文件流转管理，严防文件收发无登记或登记混乱、文件借阅长期滞留借阅人手中、文件保管不善被偷拍偷录、文件回收不及时等问题的发生；开涉密会议要将手机放进保密柜、不要到外面公司随便"修电脑"、严禁使用非涉密计算机和非涉密存储设备存储处理党和国家秘密信息。

深度把握

涉密载体管理规定及其流程

环节	要　求
制作	在安全保密的场所、封闭的环境和符合保密要求的涉密计算机上进行。按照定密程序进行定密，并标注规范完整的国家秘密标志，注明发放范围、制作数量和编排序号。
送审	负责审批人员在对内容进行审查的同时，应当对其拟定的密级和保密期限是否准确、标志是否符合保密标准进行审查。送审过程应当作出文字记载，掌握去向。
印制	密件应当在本机关、本单位的文印室、制作室印制。需要大批量制作的，必须委托保密部门审核定点的印刷、复制国家秘密载体的单位承担。不得多印、私留密件。
收发	接收密件时，严格履行清点、签收手续，并检查签收单上的登记与密件实物是否相符。分发密件时，应当严格按照限定的接触范围分发，不能擅自扩大范围。
传递	应使用机要交通、加密传真等符合保密要求的方式进行。在市内传递机密级和秘密级涉密载体，可通过机要文件交换站进行，也可以派专人传递。寄往市外的涉密载体，要通过机要交通或机要通信部门传递，不得通过普通邮政邮寄。
保存	必须在符合国家保密标准的场所和保密文件柜内保存。绝密级涉密载体应当专柜保存、专人保管。严禁个人持有和私自保存涉密载体。
复制复印摘抄汇编	涉密文件资料未经批准不得擅自汇编，必须经发文机关单位同意。收录汇编的密件，应当分别标明原有密级和保密期限。

环节	要　求
维修	维修涉密载体应当由本机关单位的技术人员完成；需单位以外人员维修的，应当由本单位管理人员现场监督；需送外维修的，应当送至保密行政管理部门批准的定点维修单位，且要拆除存储部件。
销毁	决定销毁的涉密载体，应进行清点登记造册，经本机关、本单位主管领导审查批准后销毁。送销毁机构销毁的涉密载体，应严密封装，由专人押送到保密行政管理部门建立的销毁机构或定点承销单位销毁。自行销毁少量涉密载体的，应当使用符合国家保密标准的销毁设备和方法。

（资料来源：根据《涉密文件资料的立卷、归档》等整理）

依据参考

关于严禁泄露党和国家秘密的有关规定要求

《中华人民共和国刑法》

第二百八十二条　以窃取、刺探、收买方法，非法获取国家秘密的，处三年以下有期徒刑、拘役、管制或者剥夺政治权利；情节严重的，处三年以上七年以下有期徒刑。

非法持有属于国家绝密、机密的文件、资料或者其他物品，拒不说明来源与用途的，处三年以下有期徒刑、拘役或者管制。

第三百九十八条　国家机关工作人员违反保守国家秘密法的规定，故意或者过失泄露国家秘密，情节严重的，处三年以下有期徒刑或者拘役；情节特别严重的，处三年以上七年以下有期徒刑。

非国家机关工作人员犯前款罪的，依照前款的规定酌情处罚。

《中华人民共和国保守国家秘密法》

第九条 下列涉及国家安全和利益的事项，泄露后可能损害国家在政治、经济、国防、外交等领域的安全和利益的，应当确定为国家秘密：

（一）国家事务重大决策中的秘密事项；

（二）国防建设和武装力量活动中的秘密事项；

（三）外交和外事活动中的秘密事项以及对外承担保密义务的秘密事项；

（四）国民经济和社会发展中的秘密事项；

（五）科学技术中的秘密事项；

（六）维护国家安全活动和追查刑事犯罪中的秘密事项；

（七）经国家保密行政管理部门确定的其他秘密事项。

政党的秘密事项中符合前款规定的，属于国家秘密。

第二十六条 禁止非法复制、记录、存储国家秘密。

禁止在互联网及其他公共信息网络或者未采取保密措施的有线和无线通信中传递国家秘密。

禁止在私人交往和通信中涉及国家秘密。

案例解析

切莫将微信用于涉密办公

2017 年 10 月，某县司法局从机要局领取 4 份涉密电报后，交给跟班学习的刘某。因当时为"十一"长假期间，刘某便将 4 份文件报头拍照后发至司法局工作微信群，并请示局长何某如何处理。何某在群里说电报内容不是很清楚，让刘某把文件内容发到群里告知大家。随后刘某将文件内容全文拍照后上传至群中。案件发生后，有关部门给予何某撤销党内职务、行政撤职处分，按科员安排工作；对刘某作出延期转正处理。

(解)(析)

随着互联网技术的不断发展，微信办公成为一种潮流，然而对于保密工作而言，却暗藏杀机。

本案事发当时是"十一"长假，从表面上看这是微信泄密案件的客观原因，但从泄密过程来看，刘某在明知4份电报均涉密的情况下，仍然按照局长何某的安排发到微信群；而何某在已经看到文件报头的情况下，即便不知道是否涉密，也应该保持高度警惕，不应该安排刘某发至微信群。

从这起泄密事件来看，我们在为何某、刘某因为缺乏保密意识闯下祸事而扼腕痛惜的同时，也从深层次上看到了该单位保密管理之混乱、保密制度之虚设。何某、刘某的行为违反了保守国家秘密法第48条中关于"在互联网及其他公共信息网络或者未采取保密措施的有线和无线通信中传递国家秘密的"规定，将依法给予处分，构成犯罪的，还将被依法追究刑事责任。

这起案件给我们的启示有两个方面：其一，因工作需要组建的微信群，交流内容应严格限定为周知性的一般信息，禁止传播一切党和国家秘密、其他秘密，以及个人信息。从已发案件来看，有的干警存在认知偏差，自以为是地把重要信息替换成字母代码后进行传播，有的干警心存侥幸、贪图便利，自以为在小范围内传递不会被发现，这些错误思想认识亟需扭转。其二，这起案件反映出个别政法干警保密意识淡薄的问题。无论是领导干部还是普通干警、借调人员，都要牢固树立敌情意识、保密意识、风险意识，加强保密知识的学习，避免类似案件的发生。

二、增强保密意识，保护政法工作秘密

"十个严禁"明确规定，决不允许以任何形式泄露政法工作秘密。政法工作秘密，是指政法单位在公务活动和内部管理中产生的事项和信

息，一旦泄露便会影响政法职能的正常行使，有的还会引发社会舆情关注，严重的还会损害国家安全利益。新时代政法干警既要弄清楚有哪些属于政法工作秘密，改变"保什么缺乏依据、有多少心中无数"的不正常状况，又要弄清楚怎么保密的问题，把工作秘密管理纳入保密自查自评范围，杜绝泄露工作秘密事件的发生。

我国法官法、检察官法、警察法等法律法规分别有审判工作秘密、检察工作秘密、警务工作秘密的表述。审判工作秘密，是指合议庭或者审判委员会讨论案件的具体情况及其他审判、执行工作秘密。检察工作秘密，是指各级人民检察院在工作中形成的国家秘密以外的，尚未公开和不宜公开的，一旦泄露会给工作带来损害的事项。具体包括泄露后妨碍和影响检察工作的案件材料、泄露后妨碍和影响检察工作的综合数据，等等。警务工作秘密的具体范围主要包括打击违法犯罪活动的具体工作部署、行动方案、情况报告及其他有关情况；正在侦查的一般刑事案件的具体工作方案、案情、工作进展情况，将对犯罪嫌疑人采取刑事强制措施的情况，等等。

导致工作秘密泄露的原因是多种多样的。有的是因为金钱物质等诱惑而泄密，比如某市中级人民法院刑事审判庭助理审判员阮某某事先为律师透露案件内部审判意见，收受现金15万元。有的是因亲情友情所累而泄密，比如某市司法机关工作人员茅某在机要秘书蔚某办公桌上看到1份内容与某重点案件处理意见相关的文件，私自用手机偷拍了文件首页，通过微信发给了案件当事人的姐姐，导致大范围泄密。有的是为了炫耀自己的职权而泄密，某市公安局执法支队临聘人员夏某在将接警单送单位负责人之前，私自阅知了全部内容并用手机拍照上传QQ群，导致在全市一定范围内造成了不良影响并使群众产生心理恐慌。还有的是因对案件管理不善而泄密，某省公安厅刑事侦查总队综合执法支队干部黎某从机要科领取了6份标密文件（4份机密级、1份秘密级、1份警务工作秘密）后，前往修理厂修车，期间不慎将上述文件丢失。

这些政法工作秘密泄露案件的发生，与一些政法机关和干警对工作秘密的保密工作不够重视密切相关。对此，要从以下两个方面采取措施。

一要强化保密意识，做到"不愿失泄密"。个别干警将工作秘密与司法公开工作对立起来，甚至有的干警认为在裁判文书网上公开、庭审网上直播要求下，已没有秘密可保。广大政法干警要坚决破除这些思想误区，处理好公开透明办案与保守工作秘密的关系，形成一个保守政法工作秘密的良好氛围。

二要严格遵守各项保密制度，做到"不能失泄密"。要根据细化的工作秘密事项范围，牢记哪些能公布，哪些须保密。此外，虽然目前基层政法单位案多人少的矛盾较为突出，但应结合各个办案环节，做好相关环节的保密工作。比如，讨论案件和汇报案件时，要汇报办案中保密措施和效果；检查案件质量时，要同时检查保密工作是否落到实处，有无泄密漏洞。

深度把握

如何区分国家秘密和工作秘密

区别	国家秘密	工作秘密
利益主体	国家秘密直接涉及的利益主体是国家，一旦泄露会对国家的整体利益造成危害。	工作秘密直接涉及的利益主体是有关国家机关，一旦泄露仅对有关国家机关履行国家赋予的权力和职责等局部利益造成危害。

区别	国家秘密	工作秘密
确定方式	国家秘密的确定必须依法进行，必须在国家保密工作部门会同有关中央国家机关制定和颁发的《国家秘密及其密级具体范围的规定》的范围内操作，不得随意确定。	工作秘密的确定以各级国家机关自行确定为主，对少数中央国家机关有统一规定或明确授权的，才从其规定。
秘密标志	国家秘密标识为国家秘密的密级、五角星符号、保密期限。	属于工作秘密的文件、资料及其他载体，可以以"内部"作标志，不得标上国家秘密的密级标志。
管理方式	传递国家秘密文件、资料或其他物品，必须通过机要邮政，不得通过普通邮政传递。	各级国家机关对工作秘密的管理可以参照国家秘密的管理办法，但不需要按照法定程序加以规范。
适用法律	对国家秘密的保护适用保密法，不仅可以使用行政手段，还可以使用法律手段。	对工作秘密加以保护所适用的法律规范是公务员法，主要以行政手段对工作秘密给予法律保护。
责任后果	情节轻微、后果不严重的，承担行政责任，情节和后果严重的，则要承担刑事责任。	工作秘密泄露后，有关责任人一般承担行政责任，受到相应的行政处分。

（资料来源：根据《国家秘密与工作秘密、商业秘密、个人隐私有何区别》，《保密工作》2017 年第 12 期整理）

依据参考

关于严禁泄露政法工作秘密的有关规定要求

《中国共产党纪律处分条例》

第七十九条 有下列行为之一的，给予警告或者严重警告处分；情节较重的，给予撤销党内职务或者留党察看处分；情节严重的，给予开除党籍处分：

（一）对批评、检举、控告进行阻挠、压制，或者将批评、检举、控告材料私自扣压、销毁，或者故意将其泄露给他人的；

......

《人民法院工作人员处分条例》

第四十二条 故意泄露合议庭、审判委员会评议、讨论案件的具体情况或者其他审判执行工作秘密的，给予记过或者记大过处分；情节较重的，给予降级或者撤职处分；情节严重的，给予开除处分。

第八十七条 因过失导致国家秘密、审判执行工作秘密及其他工作秘密、履行职务掌握的商业秘密或者个人隐私被泄露，造成不良后果的，给予警告、记过或者记大过处分；情节较重的，给予降级或者撤职处分；情节严重的，给予开除处分。

第九十二条 故意泄露国家秘密、工作秘密，或者故意泄露因履行职责掌握的商业秘密、个人隐私的，给予记过或者记大过处分；情节较重的，给予降级或者撤职处分；情节严重的，给予开除处分。

《检察人员纪律处分条例》

第七十七条 泄露案件秘密，或者为案件当事人及其近亲属、辩护人、诉讼代理人、利害关系人等打探案情、通风报信的，给予记过或者记大过处分；造成严重后果或者恶劣影响的，给予降级、撤职或者开除处分。

《公安机关人民警察内务条令》

第一百零五条　公安民警应当执行下列保密守则：

（一）不该说的秘密不说；

（二）不该知悉的秘密不问；

（三）不该看的秘密不看；

（四）不在私人交往或者公开发表的作品中涉及秘密；

（五）不在非保密场所阅办、谈论秘密；

（六）不在社交媒体发布、传递秘密；

（七）不擅自记录、复制、拍摄、摘抄、收藏秘密；

（八）不擅自携带涉密载体去公共场所或者探亲访友；

（九）不使用无保密措施的通信设备、普通邮政和计算机互联网络传递秘密。

《国家司法考试保密工作规定》

第四条第三款　国家司法考试结束后未公布的试题试卷、标准答案、应试人员的考试成绩及其他有关情况、数据，属于工作秘密，未经司法部批准不得公开。

案例解析

收钱后又退回，泄露案情被"双开"

2019年4月的一天，王某某等4人因涉嫌寻衅滋事罪被公安机关采取强制措施，王某某家属委托某律师事务所代理了该案。此后，经人介绍，上述律师事务所实习律师孙某（非该案代理律师）结识了该案承办检察官李某某，并代表王某某家属多次向李某某打听案件进展，希望李某某在案件承办中予以关照，并承诺王某某的家属会对其表示感谢。在此过程中，李某某违规向孙某透露案情，并收受王某某家属委托孙某送的20万元（另外10万元孙某据为己有），并于此后继续违规与孙某讨论该案情况。2020 年 4 月，检察院拟对涉嫌组织、领导、参加黑社会性质组织罪等罪名的犯罪嫌疑人王某某等人决定逮捕，李某某于当日下午将该笔钱款退还孙某。孙某收到钱后未告知王某某及其家属李某某退钱之事，将该笔钱款据为己有。2020 年 8 月，李某某被开除党籍、开除公职，其涉嫌犯罪问题被移送检察机关依法审查起诉。

(解)(析)

这是一起检察干警利用职务之便，泄露在办案件相关信息，收受请托人贿赂的典型案例。本案中，李某某作为案件承办检察官，具有打击犯罪、查禁犯罪活动的职责，且明确知道处于审查批准逮捕阶段的刑事案件信息系检察工作秘密，如若泄露，会导致犯罪分子逃避处罚、妨碍侦查活动的严重后果。但李某某面对犯罪嫌疑人家属及孙某的委托，将办案中获取的重要案件信息泄露给孙某，并收受请托人财物，妨碍了案件的后续侦办，并且在社会上形成较大舆论，造成极为恶劣的影响。

保守检察工作秘密，是人民检察院保证案件正常办理秩序、保障当事人权益及国家利益的客观需要，是每一位检察官都应自觉履行的法定义务和应具备的基本素质。应该说，李某某作为检察委员会委员、员额检察官，无论从法律知识的素养，还是政治纪律的要求，不可能不明白泄露检察工作秘密后果的严重性。李某某之所以走向违纪违法的深渊，根本原因还是没有走出人情、金钱的怪圈。

本案给广大政法干警敲响了警钟。广大政法干警在办理案件过程中，要妥善保管案件材料，不得在公共场所谈论案件的处理情况，不得向当事人或其亲属、辩护人、诉讼代理人，以及工作上无关人员泄露案件的处理意见，杜绝泄露工作秘密事件的发生。

三、保护商业秘密，防止个人信息泄露

在执法司法办案过程中，政法干警掌握了大量的信息资源，包括商业秘密和公民个人信息。"十个严禁"明确规定，决不允许以任何形式泄露商业秘密和公民个人信息。泄露行为的方式是多种多样的，可以是故意泄露，也可以是意外丢失；可以是口头泄露，也可以是书面泄露；可以是用交付实物的方法泄露，也可以是用影印、拍摄、复印等方法泄露。任何形式的泄露都是违法甚至犯罪行为。这就要求广大政法干警在办理案件时，对涉及的商业秘密、个人隐私，无论在收集、保管还是运用环节都要注意保密，不得让不该知道其内容的人知悉，以避免对单位或者个人权益、声誉造成损害。

根据刑法、反不正当竞争法和有关法律的规定，商业秘密是指不为公众所知悉，能为权利人（商业秘密的所有人和经商业秘密所有人许可的商业秘密使用人）带来经济利益，具有实用性并经权利人采取保密措施的工业、商业和管理等方面的技术信息和经营信息。商业秘密是企业的无形资产，体现了企业的核心竞争力，一旦企业的商业秘密被泄露，将对企业的安全和利益造成难以预估的损失。

习近平主席在第二届"一带一路"国际合作高峰论坛开幕式上的主旨演讲中，特别强调了要"完善商业秘密保护"。[①] 这就要求在办理侵犯商业秘密案件过程中，办案干警应重视其特殊性，防止造成商业秘密的"二次泄露"。涉及商业秘密的案件，当事人申请不公开审理的，法院可以不公开审理。审判过程中的举证、质证是比较容易出现泄露秘密的环节，因此做好这两个环节的保密工作显得尤为重要。比如，对当事人提交的可能

---

① 习近平：《齐心开创共建"一带一路"美好未来——在第二届"一带一路"国际合作高峰论坛开幕式上的主旨演讲》，新华网 2019 年 4 月 26 日。

涉及商业秘密且要求保密的证据，应当在权利人的诉讼请求范围内组织质证。但质证前当事人及委托代理人应作书面的保密承诺。各地政法机关从诉前、诉中、诉后设计了一系列制度安排，保障商业秘密所有权人的合法权益，对违反保密义务者，视不同情况依法处理。

相比泄露商业秘密而言，泄露个人信息更为常见。公民个人信息，是指以电子或者其他方式记录的能够单独或者与其他信息结合识别特定自然人身份或者反映特定自然人活动情况的各种信息，包括姓名、身份证件号码、通信通讯联系方式、住址、账号密码、财产状况、行踪轨迹等，其最根本的特征在于能够识别个人身份或者体现个人活动。2017年6月，《最高人民法院、最高人民检察院关于办理侵犯公民个人信息刑事案件适用法律若干问题的解释》实施之后，对泄露个人信息犯罪的规定更为详尽，违规查询个人信息行为，极有可能涉嫌犯罪。

肖某原系某市公安局刑侦支队民警。2017年初，肖某因投资失败，经济紧张，便到处寻找赚钱的机会。2017年3月至2018年12月，肖某盗用几名同事的数字证书，代查公民个人信息出售给他人，违法所得总计人民币约181万元。这些大量的被盗信息不仅严重危害公民的信息安全，而且极易引发多种犯罪，成为电信诈骗、网络诈骗，以及滋扰型"软暴力"等新型犯罪的根源，影响人民群众的安全感，威胁社会和谐稳定。

那么，如何防范泄露商业秘密和公民个人信息呢？广大政法干警要认真学习保护商业秘密和个人信息的相关法律法规，深刻反省通报的典型案例，从中受到警醒和教育，严防泄露商业秘密和个人信息问题的发生。同时要加强数字证书的使用管理，防止内部人员利用信息系统非法获取、泄露、倒卖公民个人信息。在办理涉及商业秘密案件过程中，严格遵守商业秘密保护的有关规定，非经批准不得擅自向社会提供相关信息，严禁上传至互联网、微信及电子信箱，坚决杜绝发生泄露商业秘密案件。

深度把握

如何依法妥善审理涉国家秘密、商业秘密、个人隐私案件

环节	注意事项
诉前	将案件审理中常见问题及风险进行梳理，指导当事人参与诉讼，减轻法院个案释明的负担，帮助当事人确立合理预期。
诉中	涉及商业秘密的案件，当事人申请不公开审理的，可以不公开审理。庭前释明相关保密事项，加强审判人员保密教育，要求诉讼参与人签署保密承诺书，明确告知诉讼参与人保密义务及违反保密义务的法律后果。适用逐步及有限的证据交换规则，根据诉讼进展的不同程度要求原告进行相应程度的举证。对于涉及秘密信息的证据，当事人及其诉讼代理人在质证、勘验、询问、庭审等诉讼活动中可以查阅，不得复制、摘抄、拍照、录像等。
诉后	商业秘密的具体内容不应在裁判文书中载明，但商业秘密的名称应在裁判文书中载明，并在附件中列出或者界定受到侵犯的商业秘密的具体范围和内容。但判决时，商业秘密已公开的除外。对于在审理商业秘密案件过程中发现的企业保护商业秘密方面存在的重大漏洞和普遍问题，及时向涉案企业和相关主管部门发出司法建议书，指导涉案企业采取保密措施。通过媒体宣传、专题授课等形式宣传典型案例，提高企业商业秘密保护意识。但以案释法不得泄露国家秘密、商业秘密，不得违反规定披露个人隐私。

（资料来源：根据《江苏省高级人民法院侵犯商业秘密民事纠纷案件审理指南》等整理）

依据参考

关于严禁以任何形式泄露商业秘密和公民个人信息的
有关规定要求

《中华人民共和国刑法》

第二百一十九条 有下列侵犯商业秘密行为之一，情节严重的，处三年以下有期徒刑，并处或者单处罚金；情节特别严重的，处三年以上十年以下有期徒刑，并处罚金：

（一）以盗窃、贿赂、欺诈、胁迫、电子侵入或者其他不正当手段获取权利人的商业秘密的；

（二）披露、使用或者允许他人使用以前项手段获取的权利人的商业秘密的；

（三）违反保密义务或者违反权利人有关保守商业秘密的要求，披露、使用或者允许他人使用其所掌握的商业秘密的。

明知前款所列行为，获取、披露、使用或者允许他人使用该商业秘密的，以侵犯商业秘密论。

本条所称权利人，是指商业秘密的所有人和经商业秘密所有人许可的商业秘密使用人。

第二百五十三条之一 违反国家有关规定，向他人出售或者提供公民个人信息，情节严重的，处三年以下有期徒刑或者拘役，并处或者单处罚金；情节特别严重的，处三年以上七年以下有期徒刑，并处罚金。

违反国家有关规定，将在履行职责或者提供服务过程中获得的公民个人信息，出售或者提供给他人的，依照前款的规定从重处罚。

窃取或者以其他方法非法获取公民个人信息的，依照第一款的规定处罚。

单位犯前三款罪的，对单位判处罚金，并对其直接负责的主管人员和其他直接责任人员，依照各该款的规定处罚。

《中华人民共和国法官法》

第十条 法官应当履行下列义务：

......

（五）保守国家秘密和审判工作秘密，对履行职责中知悉的商业秘密和个人隐私予以保密；

......

《中华人民共和国检察官法》

第四十七条 检察官有下列行为之一的，应当给予处分；构成犯罪的，依法追究刑事责任：

......

（三）泄露国家秘密、检察工作秘密、商业秘密或者个人隐私的；

......

《中华人民共和国治安管理处罚法》

第八十条 公安机关及其人民警察在办理治安案件时，对涉及的国家秘密、商业秘密或者个人隐私，应当予以保密。

《中华人民共和国人民调解法》

第十五条 人民调解员在调解工作中有下列行为之一的，由其所在的人民调解委员会给予批评教育、责令改正，情节严重的，由推选或者聘任单位予以罢免或者解聘：

......

（四）泄露当事人的个人隐私、商业秘密的。

《中华人民共和国公职人员政务处分法》

第三十九条 有下列行为之一，造成不良后果或者影响的，予以警告、记过或者记大过；情节较重的，予以降级或者撤职；情节严重的，予以开除：

......

（五）泄露国家秘密、工作秘密，或者泄露因履行职责掌握的商业秘密、个人隐私的。

案例解析

公开刑事起诉书，手机号码未屏蔽

2019 年 10 月，某县人民检察院检察官吴某某对周某某涉嫌容留他人吸毒案提起公诉后，按规定时间将该案起诉书予以公开，但对起诉书中一手机号码未按文书公开有关规定予以屏蔽。该县人民检察院在文书审核发现该问题后，立即通知承办人吴某某予以整改。2021 年 5 月 28日，该县人民检察院对吴某某进行批评教育。

解析

近年来，党中央对司法公开工作高度重视，党的十八届四中全会决定指出："构建开放、动态、透明、便民的阳光司法机制，推进审判公开、检务公开、警务公开、狱务公开，依法及时公开执法司法依据、程序、流程、结果和生效法律文书，杜绝暗箱操作。"① 但在公开过程中，对涉及国家秘密、商业秘密、个人隐私和未成年人犯罪的案件信息不得公开。

手机号码等通信通讯联系方式属于公民个人信息，一旦泄露，容易被不法分子盯上，造成不稳定事端。2014 年 6 月 20 日，最高人民检察院第十二届检察委员会第二十四次会议通过的《人民检察院案件信息公开工作规定（试行）》第 20 条规定，人民检察院在案件信息公开系统上发布法律文书，应当屏蔽下列内容：自然人的家庭住址、通讯方式、身份证号码、银行账号、健康状况等个人信息。2021 年 8 月 19 日，最高人民检察院第十三届检察委员会第七十一次会议对《人民检察院案件信息公开工作规定》予以进一步完善并向社会公布。本案中，起诉书中一

---

① 《中共中央关于全面推进依法治国若干重大问题的决定》（2014 年 10 月 23 日中国共产党第十八届中央委员会第四次全体会议通过），《人民日报》2014 年 10 月 29 日。

个手机号码未按文书公开有关规定予以屏蔽，违反了人民检察院案件信息公开工作规定的相关要求。

这一案件暴露了有的政法干警责任意识缺失、底线思维淡薄的问题，个中教训值得我们深刻反省。广大政法干警要增强对公民个人信息的保密意识，认真学习公民个人信息安全管理方面的法律法规和规章制度，在执法司法办案中严把个人信息保护的关口，防止因为个人信息泄露造成他人人身财产及名誉权的损害。

学 习 思 考

1. 泄露党和国家秘密的原因有哪些？

2. 如何在工作生活中培养良好的保密意识和保密习惯？

3. 结合自己的本职工作，谈一谈如何防范泄露政法工作秘密？

4. 如何区分国家秘密和工作秘密？

5. 如何在案件办理和日常工作中加强商业秘密保护？

附　录

中国共产党政法工作条例

（中共中央 2019 年 1 月印发 自 2019 年 1 月 13 日起施行）

第一章　总　则

第一条　为了坚持和加强党对政法工作的绝对领导，做好新时代党的政法工作，根据《中国共产党章程》、《中华人民共和国宪法》和有关法律，制定本条例。

第二条　本条例适用于中央和县级以上地方党委、党委政法委员会、政法单位党组（党委）领导和组织开展政法工作。

第三条　政法工作是党和国家工作的重要组成部分，是党领导政法单位依法履行专政职能、管理职能、服务职能的重要方式和途径。

党委政法委员会是党委领导和管理政法工作的职能部门，是实现党对政法工作领导的重要组织形式。

政法单位是党领导下从事政法工作的专门力量，主要包括审判机关、检察机关、公安机关、国家安全机关、司法行政机关等单位。

第四条　政法工作必须坚持以马克思列宁主义、毛泽东思想、邓小平理论、"三个代表"重要思想、科学发展观、习近平新时代中国特色社会主义思想为指导，牢固树立增强政治意识、大局意识、核心意识、看齐意识，坚定中国特色社会主义道路自信、理论自信、制度自信、文化自信，坚决维护习近平总书记党中央的核心、全党的核心地位，坚决维护党中央权威和集中统一领导，围绕统筹推进"五位一体"总体布局和协调推进"四个全面"战略布局，坚持党的领导、人民当家作主、依法治国有机统一，坚决捍卫党的领导和中国特色社会主义制度，维护宪法法律权威，支持政法单位依法履行职责，保证司法机关依法独立公正行使职权，确保政法队伍全面正确履行中国特色社会主义事业建设者、捍卫者的使命。

第五条 政法工作的主要任务是：在以习近平同志为核心的党中央坚强领导下开展工作，推进平安中国、法治中国建设，推动政法领域全面深化改革，加强过硬队伍建设，深化智能化建设，严格执法、公正司法，履行维护国家政治安全、确保社会大局稳定、促进社会公平正义、保障人民安居乐业的主要职责，创造安全的政治环境、稳定的社会环境、公正的法治环境、优质的服务环境，增强人民群众获得感、幸福感、安全感。

第六条 政法工作应当遵循以下原则：

（一）坚持党的绝对领导，把党的领导贯彻到政法工作各方面和全过程；

（二）坚持以人民为中心，专门工作和群众路线相结合，维护人民群众合法权益；

（三）坚定不移走中国特色社会主义法治道路，建设社会主义法治国家；

（四）坚持服务和保障大局，为推动经济持续健康发展和保持社会长期稳定提供法治保障；

（五）坚持总体国家安全观，维护国家主权、安全、发展利益；

（六）严格区分和正确处理敌我矛盾和人民内部矛盾这两类不同性质的矛盾，准确行使人民民主专政职能；

（七）坚持走中国特色社会主义社会治理之路，推动形成共建共治共享的社会治理格局；

（八）坚持改革创新，建设和完善中国特色社会主义司法制度和政法工作运行体制机制；

（九）政法单位依法分工负责、互相配合、互相制约，确保正确履行职责、依法行使权力；

（十）坚持政治过硬、业务过硬、责任过硬、纪律过硬、作风过硬的要求，建设信念坚定、执法为民、敢于担当、清正廉洁的新时代政法队伍。

第二章　党中央对政法工作的绝对领导

第七条　党中央对政法工作实施绝对领导，决定政法工作大政方针，决策部署事关政法工作全局和长远发展的重大举措，管理政法工作中央事权和由中央负责的重大事项。

第八条　党中央加强对政法工作的全面领导：

（一）坚持以习近平新时代中国特色社会主义思想为指导，为政法工作坚持正确方向提供根本遵循；

（二）确立政法工作的政治立场、政治方向、政治原则、政治道路，严明政治纪律和政治规矩，为政法工作科学发展提供政治保证；

（三）研究部署政法工作中事关国家政治安全、社会大局稳定、社会公平正义和人民安居乐业的重大方针政策、改革措施、专项行动等重大举措；

（四）加强政法系统组织建设和党风廉政建设，领导和推动建设忠诚干净担当的高素质专业化政法队伍，为政法工作提供组织保证。

第三章　地方党委对政法工作的领导

第九条　县级以上地方党委领导本地区政法工作，贯彻落实党中央关于政法工作大政方针，执行党中央以及上级党组织关于政法工作的决定、决策部署、指示等事项。

第十条 县级以上地方党委应当以贯彻党中央精神为前提，对本地区政法工作中的以下事项，落实领导责任：

（一）统筹政法工作中事关维护国家安全特别是以政权安全、制度安全为核心的政治安全重要事项；

（二）统筹维护社会稳定工作，及时妥善处理影响社会稳定的重要事项和突发事件；

（三）统筹规划平安建设、法治建设与经济社会发展，做到同部署、同推进、同督促、同考核、同奖惩；

（四）推动政法单位依法维护社会主义市场经济秩序，为经济高质量发展提供法治保障；

（五）组织实施党中央关于政法改革方案，推动完善社会主义司法制度和政法工作运行体制机制；

（六）完善党委领导、政府负责、社会协同、公众参与、法治保障的社会治理体制，提高社会治理社会化、法治化、智能化、专业化水平；

（七）完善党委、纪检监察机关、党委政法委员会对政法单位的监督机制，保证党的路线方针政策和党中央重大决策部署贯彻落实，保证宪法法律正确统一实施；

（八）加强党对政法队伍建设的领导，完善党委统一领导、政法单位主抓、有关部门各司其职的政法队伍建设工作格局；

（九）改善执法司法条件，满足政法工作形势和任务的需要；

（十）推动完善和落实保障政法干警依法履职、开展工作的制度和政策；

（十一）本地区政法工作中的其他重要事项。

第四章　党委政法委员会的领导

第十一条　中央和县级以上地方党委设置政法委员会。中央政法委员会职能配置、内设机构和人员编制方案由党中央审批确定。地方党委政法委员会职能配置、内设机构和人员编制规定，由同级党委按照党中央精神以及上一级党委要求，结合本地区实际审批确定。

乡镇（街道）党组织配备政法委员，在乡镇（街道）党组织领导和县级党委政法委员会指导下开展工作。

省、市、县、乡镇（街道）社会治安综合治理中心是整合社会治理资源、创新社会治理方式的重要工作平台，由同级党委政法委员会和乡镇（街道）政法委员负责工作统筹、政策指导。

第十二条　党委政法委员会在党委领导下履行职责、开展工作，应当把握政治方向、协调各方职能、统筹政法工作、建设政法队伍、督促依法履职、创造公正司法环境，带头依法依规办事，保证党的路线方针政策和党中央重大决策部署贯彻落实，保证宪法法律正确统一实施。主要职责任务是：

（一）贯彻习近平新时代中国特色社会主义思想，坚持党对政法工作的绝对领导，坚决执行党的路线方针政策和党中央重大决策部署，推动完善和落实政治轮训和政治督察制度。

（二）贯彻党中央以及上级党组织决定，研究协调政法单位之间、政法单位和有关部门、地方之间有关重大事项，统一政法单位思想和行动。

（三）加强对政法领域重大实践和理论问题调查研究，提出重大决策部署和改革措施的意见和建议，协助党委决策和统筹推进政法改革等各项工作。

（四）了解掌握和分析研判社会稳定形势、政法工作情况动态，创新完善多部门参与的平安建设工作协调机制，协调推动预防、化解影响稳定的社会矛盾和风险，协调应对和妥善处置重大突发事件，协调指导政法单位和相关部门做好反邪教、反暴恐工作。

（五）加强对政法工作的督查，统筹协调社会治安综合治理、维护社会稳定、反邪教、反暴恐等有关国家法律法规和政策的实施工作。

（六）支持和监督政法单位依法行使职权，检查政法单位执行党的路线方针政策、党中央重大决策部署和国家法律法规的情况，指导和协调政法单位密切配合，完善与纪检监察机关工作衔接和协作配合机制，推进严格执法、公正司法。

（七）指导和推动政法单位党的建设和政法队伍建设，协助党委及其组织部门加强政法单位领导班子和干部队伍建设，协助党委和纪检监察机关做好监督检查、审查调查工作，派员列席同级政法单位党组（党委）民主生活会。

（八）落实中央和地方各级国家安全领导机构、全面依法治国领导机构的决策部署，支持配合其办事机构工作；指导政法单位加强国家政治安全战略研究、法治中国建设重大问题研究，提出建议和工作意见，指导和协调政法单位维护政治安全工作和执法司法相关工作。

（九）掌握分析政法舆情动态，指导和协调政法单位和有关部门做好依法办理、宣传报道和舆论引导等相关工作。

（十）完成党委和上级党委政法委员会交办的其他任务。

第十三条 中央和地方各级党委政法委员会指导、支持、督促政法单位在宪法法律规定的职责范围内开展工作。

中央政法委员会指导地方各级党委政法委员会工作，上级党委政法委员会指导下级党委政法委员会工作。

第五章　政法单位党组（党委）的领导

第十四条　政法单位党组（党委）领导本单位或者本系统政法工作，贯彻党中央关于政法工作大政方针，执行党中央以及上级党组织关于政法工作的决定、决策部署、指示等事项。

第十五条　政法单位党组（党委）在领导和组织开展政法工作中，应当把方向、管大局、保落实，发挥好领导作用。主要职责任务是：

（一）贯彻习近平新时代中国特色社会主义思想，执行党的路线方针政策和党中央重大决策部署，维护党对政法工作的绝对领导；

（二）遵守和实施宪法法律，带头依法履职，推进严格执法、公正司法，维护国家法制的统一、尊严和权威；

（三）研究影响国家政治安全和社会稳定的重大事项或者重大案件，制定依法处理的原则、政策和措施；

（四）研究推动本单位或者本系统全面深化改革，研究制定本单位或者本系统执法司法政策，提高执法司法质量、效率和公信力；

（五）履行全面从严治党主体责任，加强本单位或者本系统党的建设和政法队伍建设；

（六）完成上级党组（党委）和党委政法委员会交办的其他任务。

第十六条　政法单位党组（党委）应当建立健全在执法办案中发挥领导作用制度、党组（党委）成员依照工作程序参与重要业务和重要决策制度，增强党组（党委）及其成员政治领导和依法履职本领，确保党的路线方针政策和宪法法律正确统一实施。

第六章　请示报告

第十七条　中央政法委员会、中央政法单位党组（党委）在党中央领导下履行职责、开展工作，对党中央负责，受党中央监督，向党中央和总书记请示报告工作。

中央政法委员会、中央政法单位党组（党委）和县级以上地方党委、党委政法委员会、政法单位党组（党委）按照党中央关于重大事项请示报告的有关规定，严格执行请示报告制度。

政法单位党组（党委）向同级党委请示报告重大事项和汇报重要工作，一般应当同时抄报同级党委政法委员会。

第十八条 中央政法委员会、中央政法单位党组（党委）应当及时向党中央请示以下事项：

（一）政法工作重大方针政策、关系政法工作全局和长远发展的重大事项；

（二）维护国家安全特别是以政权安全、制度安全为核心的政治安全重大事项；

（三）维护社会稳定工作中的重大问题；

（四）政法工作重大体制改革方案、重大立法建议；

（五）拟制定的政法队伍建设重大政策措施；

（六）政法工作中的其他重大事项。

第十九条 中央政法委员会、中央政法单位党组（党委）应当及时向党中央报告以下事项：

（一）党中央决定、决策部署、指示等重大事项贯彻落实重要进展和结果情况；

（二）对影响党的路线方针政策和宪法法律正确统一实施重大问题的调查研究报告；

（三）具有全国性影响的重大突发案（事）件重要进展和结果情况；

（四）加强政法队伍建设的重大举措；

（五）半年和年度工作情况；

（六）党中央要求报告的其他事项。

政法工作总体情况、中央政法委员会牵头办理或者统筹协调的重大事项情况，由中央政法委员会统一报告党中央，中央政法单位协助做好相关工作。

最高人民法院党组、最高人民检察院党组按照有关规定，严格执行向党中央报告工作制度。

各省（自治区、直辖市）党委按照有关规定，向党中央请示报告政法工作重大事项。

第二十条　中央政法单位党组（党委）和省（自治区、直辖市）党委政法委员会应当向中央政法委员会请示以下事项：

（一）涉及政法工作全局、需要提请中央政法委员会研究决定的重大事项；

（二）有关地区、部门之间存在分歧，经反复协商仍不能达成一致，需要中央政法委员会协调的重大事项；

（三）重大政法改革方案和措施；

（四）出台重要执法司法政策性文件、司法解释，提出涉及重大体制和重大政策调整的立法建议；

（五）党中央交办的重大事项和需要中央政法委员会统筹研究把握原则、政策的重大事项；

（六）政法工作中涉及国家安全特别是政治安全等重大事项的相关政策措施问题；

（七）拟以中央政法委员会名义召开会议或者印发文件；

（八）应当向中央政法委员会请示的其他重大事项。

第二十一条　中央政法单位党组（党委）和省（自治区、直辖市）党委政法委员会应当向中央政法委员会报告以下事项：

（一）全面贯彻党的基本理论、基本路线、基本方略，贯彻落实党中央决策部署情况；

（二）贯彻落实党中央关于政法工作的重要指示精神情况；

（三）贯彻落实中央政法委员会工作部署、指示和决定情况；

（四）重大工作部署以及推进情况，年度工作情况；

（五）重大政法改革部署以及推进情况；

（六）政法工作中涉及国家安全特别是政治安全的重大事项处理情况；

（七）履行全面从严治党主体责任情况，落实党建工作责任制、党风廉政建设责任制、政法领域意识形态工作责任制等情况；

（八）领导干部干预司法活动、插手具体案件处理情况；

（九）应当向中央政法委员会报告的其他事项。

第二十二条 县级以上地方党委政法委员会、政法单位党组（党委）每年应当向同级党委报告全面工作情况，遇有重要情况及时请示报告。

地方党委政法委员会参照上一级党委政法委员会有关规定，确定同级政法单位党组（党委）、下级党委政法委员会请示报告重大事项范围、内容和程序等。

第七章 决策和执行

第二十三条 党委、党委政法委员会、政法单位党组（党委）应当按照集体领导、民主集中、个别酝酿、会议决定的原则，在各自职责权限范围内，及时对以下事项研究作出决定、决策部署或者指示：

（一）涉及贯彻落实党中央以及上级党组织、党委政法委员会关于政法工作的决定、决策部署和指示的重要事项；

（二）下级党委、党委政法委员会、政法单位党组（党委）请示报告的重要事项；

（三）本单位在履行职责中需要决策的事项。

决策时，应当先行调查研究，提出适当方案，充分听取各方面意见，进行风险评估和合法合规性审查，按照规定提请相关会议讨论和决定。

第二十四条　对于党中央以及上级党组织决定、决策部署、指示等，各有关地方党委、党委政法委员会、政法单位党组（党委）必须坚决贯彻执行。

提出请示报告的党委、党委政法委员会、政法单位党组（党委）在贯彻执行党中央以及上级党组织决定、决策部署、指示等过程中，认为原请示报告事宜需要作出调整的，必须按照谁决策、谁审批的原则，报原决策单位审批，但在批准前应当坚决执行。

第二十五条　地方党委应当建立健全委员会全体会议或者常委会会议研究部署政法工作的制度，将政法工作纳入重要议事日程，及时研究解决政法工作和队伍建设的重大问题。

第二十六条　地方党委应当在本地区带头执行党中央以及上级党组织决定、决策部署、指示等事项，并指导、督促党委政法委员会和政法单位党组（党委）做好贯彻执行相关工作。

地方党委成员对党委集体决策应当坚决执行；如有不同意见，可以保留或者向上级党组织反映，但在决策改变前应当坚决执行。

第二十七条　党委政法委员会实行全体会议制度，讨论和决定职责范围内的政法工作重大事项。

第二十八条　党委政法委员会应当贯彻执行党中央以及同级地方党委、上级党委政法委员会决定、决策部署、指示等事项，并发挥统筹协调职能作用，协助党委指导、督促有关政法单位党组（党委）、下级党委政法委员会坚决执行党中央以及上级党组织决定、决策部署、指示等事项，推动工作落实。

第二十九条　政法单位党组（党委）应当按照有关规定召开党组

（党委）会议，讨论和决定本单位或者本系统政法工作和队伍建设重大事项。

第三十条　政法单位党组（党委）应当坚决贯彻执行党中央以及上级党组织决定、决策部署、指示等事项，确保工作落实。

政法单位党组（党委）成员对党组（党委）集体决策应当坚决执行；如有不同意见，可以保留或者向上级党组织反映，但在决策改变前应当坚决执行。

第八章　监督和责任

第三十一条　各级党委应当将领导和组织开展政法工作情况纳入党内监督体系，实行党内监督和外部监督相结合，增强监督合力。

党委政法委员会应当指导、推动政法单位建立健全与执法司法权运行机制相适应的监督制约体系，构建权责清晰的执法司法责任体系，完善程序化、平台化、公开化管理监督方式。

政法单位党组（党委）应当依法依规将政法工作情况纳入党务政务公开范围，依法有序推进审判执行公开、检务公开、警务公开、司法行政公开、狱（所）务公开，完善政法单位之间监督制约机制，确保政法工作在依法有效监督和约束环境下推进。

第三十二条　加强对政法工作全面情况和重大决策部署执行情况的督促检查：

（一）党委应当加强对党委政法委员会、政法单位党组（党委）和下一级党委领导和组织开展政法工作情况，特别是贯彻落实党中央以及上级党组织决定、决策部署、指示等情况督促检查，必要时开展巡视巡察，并在一定范围内进行通报；

（二）党委政法委员会应当推动完善和落实政治督察、执法监督、纪律作风督查巡查等工作制度机制，全面推进政法工作特别是党中央以

及上级党组织决定、决策部署、指示等贯彻落实;

（三）政法单位党组（党委）应当建立健全向批准其设立的党委全面述职制度和重大决策执行情况的督查反馈机制，确保党中央以及上级党组织决定、决策部署、指示等在本单位或者本系统得到贯彻落实。

第三十三条　党委应当加强对党委政法委员会、政法单位党组（党委）和下一级党委常委会履职情况的考评考核，其结果作为对有关领导班子、领导干部综合考核评价的重要内容和依据:

（一）结合领导班子年度考核、民主生活会等，定期检查和考评考核党委政法委员会履职情况;

（二）建立健全听取政法单位党组（党委）主要负责人述职制度，加强对政法单位党组（党委）及其成员履职情况考评考核;

（三）在考核下一级党委常委会领导开展工作情况时，注重了解领导开展政法工作情况。

党委政法委员会应当建立健全委员述职制度，全面了解、掌握委员履职情况，及时提出指导意见。

第三十四条　党委政法委员会在统筹推动政法单位开展常态执法司法规范化检查中，对发现的政法单位党组（党委）及其成员不履行或者不正确履行职责，或者政法干警执法司法中的突出问题，应当督促加大整改力度，加强执法司法制度建设，保证全面正确履行职责。

第三十五条　有关地方和部门领导干部在领导和组织开展政法工作中，违反本条例和有关党内法规制度规定职责的，视情节轻重，由党委政法委员会进行约谈、通报、挂牌督办等;或者由纪检监察机关、组织人事部门按照管理权限，办理引咎辞职、责令辞职、免职等。因违纪违法应当承担责任的，给予党纪政务处分;涉嫌犯罪的，依法追究刑事责任。

第九章 附 则

第三十六条 中央政法委员会，中央政法单位党组（党委），各省（自治区、直辖市）党委可以根据本条例，结合各自实际，制定配套规定。

第三十七条 中央军事委员会依照本条例的基本精神，制定军队政法工作党内法规。

第三十八条 本条例由中央政法委员会负责解释。

第三十九条 本条例自 2019 年 1 月 13 日起施行。此前发布的党内有关政法工作的规定，凡与本条例不一致的，按照本条例执行。

关于在扫黑除恶专项斗争中
分工负责、互相配合、互相制约
严惩公职人员涉黑涉恶违法犯罪问题的通知

为认真贯彻党中央关于开展扫黑除恶专项斗争的重大决策部署，全面落实习近平总书记关于扫黑除恶与反腐败结合起来，与基层"拍蝇"结合起来的重要批示指示精神，进一步规范和加强各级监察机关、人民法院、人民检察院、公安机关、司法行政机关在惩治公职人员涉黑涉恶违法犯罪中的协作配合，推动扫黑除恶专项斗争取得更大成效，根据刑法、刑事诉讼法、监察法及最高人民法院、最高人民检察院、公安部、司法部《关于办理黑恶势力犯罪若干问题的指导意见》的规定，现就有关问题通知如下：

一、总体要求

1. 进一步提升政治站位。坚持以习近平新时代中国特色社会主义思想为指导，从增强"四个意识"、坚定"四个自信"、做到"两个维护"的政治高度，立足党和国家工作大局，深刻认识和把握开展扫黑除恶专项斗争的重大意义。深挖黑恶势力滋生根源，铲除黑恶势力生存根基，严惩公职人员涉黑涉恶违法犯罪，除恶务尽，切实维护群众利益，进一步净化基层政治生态，推动扫黑除恶专项斗争不断向纵深发展，推进全面从严治党不断向基层延伸。

2. 坚持实事求是。坚持以事实为依据，以法律为准绳，综合考虑行为人的主观故意、客观行为、具体情节和危害后果，以及相关黑恶势力的犯罪事实、犯罪性质、犯罪情节和对社会的危害程度，准确认定问题性质，做到不偏不倚、不枉不纵。坚持惩前毖后、治病救人方针，严格区分罪与非罪的界限，区别对待、宽严相济。

3. 坚持问题导向。找准扫黑除恶与反腐"拍蝇"工作的结合点，聚焦涉黑涉恶问题突出、群众反映强烈的重点地区、行业和领域，紧盯农村和城乡结合部，紧盯建筑工程、交通运输、矿产资源、商贸集市、渔业捕捞、集资放贷等涉黑涉恶问题易发多发的行业和领域，紧盯村"两委"、乡镇基层站所及其工作人员，严肃查处公职人员涉黑涉恶违法犯罪行为。

二、严格查办公职人员涉黑涉恶违法犯罪案件

4. 各级监察机关、人民法院、人民检察院、公安机关应聚焦黑恶势力违法犯罪案件及坐大成势的过程，严格查办公职人员涉黑涉恶违法犯罪案件。重点查办以下案件：公职人员直接组织、领导、参与黑恶势力违法犯罪活动的案件；公职人员包庇、纵容、支持黑恶势力犯罪及其他严重刑事犯罪的案件；公职人员收受贿赂、滥用职权，帮助黑恶势力人员获取公职或政治荣誉，侵占国家和集体资金、资源、资产，破坏公平竞争秩序，或为黑恶势力提供政策、项目、资金、金融信贷等支持帮助的案件；负有查禁监管职责的国家机关工作人员滥用职权、玩忽职守帮助犯罪分子逃避处罚的案件；司法工作人员徇私枉法、民事枉法裁判、执行判决裁定失职或滥用职权、私放在押人员以及徇私舞弊减刑、假释、暂予监外执行的案件；在扫黑除恶专项斗争中发生的公职人员滥用职权，徇私舞弊，包庇、阻碍查处黑恶势力犯罪的案件，以及泄露国家秘密、商业秘密、工作秘密，为犯罪分子通风报信的案件；公职人员利用职权打击报复办案人员的案件。

公职人员的范围，根据《中华人民共和国监察法》第十五条的规定认定。

5. 以上情形，由有关机关依规依纪依法调查处置，涉嫌犯罪的，依法追究刑事责任。

三、准确适用法律

6. 国家机关工作人员包庇黑社会性质的组织，或者纵容黑社会性质的组织进行违法犯罪活动的，以包庇、纵容黑社会性质组织罪定罪处罚。

国家机关工作人员既组织、领导、参加黑社会性质组织，又对该组织进行包庇、纵容的，应当以组织、领导、参加黑社会性质组织罪从重处罚。

国家机关工作人员包庇、纵容黑社会性质组织，该包庇、纵容行为同时还构成包庇罪、伪证罪、妨害作证罪、徇私枉法罪、滥用职权罪、帮助犯罪分子逃避处罚罪、徇私舞弊不移交刑事案件罪，以及徇私舞弊减刑、假释、暂予监外执行罪等其他犯罪的，应当择一重罪处罚。

7. 非国家机关工作人员与国家机关工作人员共同包庇、纵容黑社会性质组织，且不属于该组织成员的，以包庇、纵容黑社会性质组织罪的共犯论处。非国家机关工作人员的行为同时还构成其他犯罪，应当择一重罪处罚。

8. 公职人员利用职权或职务便利实施包庇、纵容黑恶势力、伪证、妨害作证，帮助毁灭、伪造证据，以及窝藏、包庇等犯罪行为的，应酌情从重处罚。事先有通谋而实施支持帮助、包庇纵容等保护行为的，以具体犯罪的共犯论处。

四、形成打击公职人员涉黑涉恶违法犯罪的监督制约、配合衔接机制

9. 监察机关、公安机关、人民检察院、人民法院在查处、办理公职人员涉黑涉恶违法犯罪案件过程中，应当分工负责，互相配合，互相制约，通过对办理的黑恶势力犯罪案件逐案筛查、循线深挖等方法，保证准确有效地执行法律，彻查公职人员涉黑涉恶违法犯罪。

10. 监察机关、公安机关、人民检察院、人民法院要建立完善查处公职人员涉黑涉恶违法犯罪重大疑难案件研判分析、案件通报等工作机

制，进一步加强监察机关、政法机关之间的配合，共同研究和解决案件查处、办理过程中遇到的疑难问题，相互及时通报案件进展情况，进一步增强工作整体性、协同性。

11. 监察机关、公安机关、人民检察院、人民法院、司法行政机关要建立公职人员涉黑涉恶违法犯罪线索移送制度，对工作中收到、发现的不属于本单位管辖的公职人员涉黑涉恶违法犯罪线索，应当及时移送有管辖权的单位处置。

移送公职人员涉黑涉恶违法犯罪线索，按照以下规定执行：

（1）公安机关、人民检察院、人民法院、司法行政机关在工作中发现公职人员涉黑涉恶违法犯罪中的涉嫌贪污贿赂、失职渎职等职务违法和职务犯罪等应由监察机关管辖的问题线索，应当移送监察机关。

（2）监察机关在信访举报、监督检查、审查调查等工作中发现公职人员涉黑涉恶违法犯罪线索的，应当将其中涉嫌包庇、纵容黑社会性质组织犯罪等由公安机关管辖的案件线索移送公安机关处理。

（3）监察机关、公安机关、人民检察院、人民法院、司法行政机关在工作中发现司法工作人员涉嫌利用职权实施的侵犯公民权利、损害司法公正案件线索的，根据有关规定，经沟通后协商确定管辖机关。

12. 监察机关、公安机关、人民检察院接到移送的公职人员涉黑涉恶违法犯罪线索，应当按各自职责及时处置、核查，依法依规作出处理，并做好沟通反馈工作；必要时，可以与相关线索或案件并案处理。

对于重大疑难复杂的公职人员涉黑涉恶违法犯罪案件，监察机关、公安机关、人民检察院可以同步立案、同步查处，根据案件办理需要，相互移送相关证据，加强沟通配合，做到协同推进。

13. 公职人员涉黑涉恶违法犯罪案件中，既涉嫌贪污贿赂、失职渎职等严重职务违法或职务犯罪，又涉嫌公安机关、人民检察院管辖的违法犯罪的，一般应当以监察机关为主调查，公安机关、人民检察院予以协助。监察机关和公安机关、人民检察院分别立案调查（侦查）的，由监察机关协调调查和侦查工作。犯罪行为仅涉及公安机关、人民检察院管辖的，由有关机关依法按照管辖职能进行侦查。

14. 公安机关、人民检察院、人民法院对公职人员涉黑涉恶违法犯罪移送审查起诉、提起公诉、作出裁判，必要时听取监察机关的意见。

15. 公职人员涉黑涉恶违法犯罪案件开庭审理时，人民法院应当通知监察机关派员旁听，也可以通知涉罪公职人员所在单位、部门、行业以及案件涉及的单位、部门、行业等派员旁听。

国家监察委员会

最高人民法院

最高人民检察院

公安部

司法部

2019 年 10 月 20 日

后 记

从踏入检察院的大门到现在，我在政法系统已经工作了10多年，亲身体会到政法职业具有高负荷、高对抗、高压力、高风险的特点，政法队伍是和平年代奉献最多、牺牲最大的队伍。在我们的身边，众多政法干警为党和人民利益，不怕牺牲、不畏艰险、无私奉献，谱写了一曲曲感人至深的忠诚之歌、为民之歌、拼搏之歌、奉献之歌。

但是，由于政法队伍肩负责任重、掌握权力大、面临诱惑多，少数政法干警由于没能守住思想红线和行为底线，或受到处分，或进了监狱，令人感慨万千、唏嘘不已。作为执法司法者，他们对法律法规甚是熟悉精通，不存在不懂法、不知法之说，本来理应成为恪守法治、为民服务的表率楷模，却走上了违纪违法犯罪的道路。

我一直在思考，是什么原因让他们在政法队伍中拖了后腿甚至掉了队？一方面，一些政法干警总是怀有侥幸心理，明修栈道、暗渡陈仓，自以为神不知鬼不觉，忘记了"火炉效应"的两大作用：一是制度不容违背，"火炉"不能触及；二是一旦有人竟敢火中取栗并触及"火炉"，必须无一例外受到严厉惩处。另一方面，一些政法干警没有正确看待和妥善处理好义与利、公与私、权力与权利、个人进步与事业发展之间的关系，错把"责任田"当成了"自留地"，错把公权力当成了谋取私利的工具。在这侥幸心理和认识误区的背后，归根结底还是思想根子出了问题，理论学习不够透彻、理想信念不够坚定、对党不够忠诚老实，甚至是"从未真正树立理想信念，从未对党忠诚老实"。

如何避免更多的政法干警重蹈覆辙？本书力图从理论和实践两个层面努力，既讲清楚为什么，又弄明白怎样做，让广大政法干警清楚地认识到思想"红线"和行为"底线"在哪里，如何做到不逾矩、不越线。

在理论层面，本书在充分吸收借鉴全面从严管党治警最新研究成果的基础上，对政法干警常见的思想误区、防范重点难点进行了分析讲解，既注重理论高度，又注重深度挖掘，使全书更加富有层次感、逻辑性。

在实践层面，选用精析大量的真实案例是本书的一大特色。这些案例全部来自于各地公开通报或者官方媒体报道，具有典型性、权威性，值得深刻反思、引以为戒。政法队伍建设永远在路上，不容有一丝一毫懈怠。本书结合党中央对政法队伍建设的要求和各类典型案例，为广大政法干警提供了有益的意见建议，由衷地希望他们在实践中历练、在斗争中提高，在磨炼中壮筋骨、长才干、砺心性，成长为政法战线可堪大用的栋梁之才。

由于本人水平有限，书中不足之处在所难免，惟望广大读者批评指正！

王成艳

2023 年 9 月